中国当代藏书票丛书出版纪念
EXLIBRIS

书中蝴蝶

中国当代藏书票

闲看儿童捉柳花　晶莹童心

沈泓 著

金城出版社
GOLD WALL PRESS
天津教育出版社

前　言

藏书票是贴在书的扉页或夹在书中表明藏书主人的标识，如用一句更简洁的话表述，藏书票就是代表藏书主人的标识。

艺术家通常采用木版、铜版、丝网版、石版等版画形式，创作各种美术图案的藏书票，署上“某某藏书”“某某之书”“某某爱书”“某某珍藏”等字样，并印上国际通用的藏书票标志“Ex Libris”。作为小版画或微型版画，藏书票以其小巧玲珑、精美雅致的艺术性，被誉为“书中蝴蝶”“纸上宝石”“书中精灵”“版画珍珠”等。

已故藏书票艺术大师杨可扬在《可扬藏书票》（上海人民美术出版社1994年版）一书中，从艺术家的角度概括藏书票：“藏书票是外来的艺术形式，是实用与审美结合、图像与文字并重的一种特殊艺术品；同时，藏书票属于小版画或微型版画的范畴，幅面不大，但小而精，有自己灵活多样的形式，更有精深丰富的内涵，方寸之间天地广阔。它是供读书、爱书、藏书者使用的一种标志，也是书籍的一种美化装饰。”

杨可扬的这段话说明了藏书票的特点、形式和功能。

藏书票的构成有三个基本要素，一是图画，二是要有“Ex Libris”拉丁文标志，三是要有票主姓名，即“XX藏书”“XX书票”“XX的书”等。根据国际藏书票参展参赛要求，藏书票必须标明“Ex Libris”一词，有时还要标明“XX藏书”。

藏书票的功能是表明书的主人，在功能上，藏书票和古代藏书章一样，只不过藏书章是盖在书上，藏书票是粘贴在扉页或夹在书中。它们皆为藏书的标志，均表明藏书的主人。

藏书票从20世纪初在中国出现，20世纪80年代在中国兴起，20世纪末至今蓬勃发展，得到越来越多读书人的青睐，也受到众多藏家的追捧。

藏书票的收藏价值首先是由其艺术价值决定的，每一张藏书票都是一幅画，富有隽永的艺术魅力；其次，藏书票题材广泛，内容丰富，包罗万象，蕴涵丰富；再次，藏书票是艺术家亲手刻印的版画原作，印量极少，一般只印10张到100张，多亦不过200张，物以稀为贵。此外，藏书票票幅小，犹如一张邮票小型张，易于收集，易于保存，因此越来越多的收藏爱好者视其为收藏珍品。

作为舶来品，藏书票在中国只有大约110年的历史，经受战乱、时局等影响，只有极少数版画艺术家和知识分子接触过藏书票，直到改革开放以后，藏书票才枯木逢春，逐渐复苏并迅速发展。

由于藏书票是新生事物，一切都在探索和发展中，很多方面都没有形成定式。如藏书票的命名就没有一定之规，即使同一个作者对同一张图，也常有两种命名。通常情况下藏书票的命名有三种方式：以票主命名，如“XX藏书”；以画面主题或题材命名，如“仙人掌”；作者自己写了题名。原则上一般首选作者写的题名，但为保持藏书票命名的统一，本书中的藏书票主要采用票主命名的方式，创作年份不详的不标注。

藏书票是一个珍珠闪烁、宝石耀眼、蝴蝶翩飞、五彩缤纷的世界，愿“书中蝴蝶：中国当代藏书票”丛书带您走进这个绚丽而神奇的世界。

目录 | CONTENTS

藏书票概说

藏书票是贴在书的扉页或夹在书中表明藏书主人的标识，如果用一句更简洁的话表述，藏书票是代表藏书主人的标记，它通常采用木版、铜版、丝网版、石版等版画形式，表现各种美术图案，署上“某某藏书”“某某之书”“某某爱书”“某某珍藏”等字样，并印上国际通用的藏书票标志“Ex Libris”。作为小版画或微型版画，藏书票以其小巧玲珑、精美雅致的艺术性，被誉为“书中蝴蝶”“纸上宝石”“书中精灵”“版画珍珠”等。

一、世界第一张藏书票

藏书票的原产地并非中国，它源自西方，是“舶来品”，是从欧洲“进口”的。藏书票在中国诞生的历史从20世纪初才开始。

西方藏书票最早起源于什么时候呢？有几种说法，一说自从发明了印刷术，就有了藏书票这种艺术形式。但此说没有藏书票实物作为论据，只不过是一种猜测。

有藏书票实物佐证的是：藏书票最早起源于15世纪的欧洲，德国是它的发源地。

德国爱书的贵族们在他们的藏书中贴上一种标签，这就是早期的“藏书票”。

现已知世界上第一张藏书票是在1450年（一说1470年，一说1480年）由德国人设计制作的《刺猬》，图上绘一只活灵活现的刺猬，全身布满尖锐的棘毛，居于中央，嘴里衔一枝野花，脚下踩着几株被折断的花草，上端有一飘拂的弯卷缎带，缎带上书写一行德文——“慎防刺猬一吻”。

■ 《刺猬》作者不确定，可能是德国克那贝斯贝尔格1450年（一说1470年，一说1480年）作

■ 《天使捧徽》德国艺术家1470年（一说1480年）作

各种文章中解释的“慎防刺猬一吻”箴言，大多认为是提醒他人不得盗书和毁书。笔者认为，版画家乐于表现动物题材，作者所要表现的只不过是刺猬这一小动物而已，可爱有趣，兴之所至，求的是闲情逸致。

西方最早的木刻版画，其形式颇近东方，以阳刻为主，刀法稚拙，后来演变成阴刻，刀法就严密而精细。《刺猬》藏书票正介乎两者之间，应该属于早期木刻画。

这张藏书票保存在德国布克斯海姆的修道院藏书中，是在勃兰登堡先生捐赠的书中发现的。

据考证，这张《刺猬》藏书票系德国人克那贝斯贝尔格创作或所有。另有专家考证，此张书票的票主是伊洛勒（也有人译为勒戈尔）。

这张《刺猬》藏书票是在介绍藏书票史的书文中必定要提到的。

同时期还有一张《天使捧徽》纹章藏书票，是在一家修道院中发现的。据考证，《天使捧徽》藏书票创作于1470年（一说1480年）。该藏书票大小约五厘米见方，为木版雕印。画中天使捧着盾牌，盾上有一头穿鼻公牛，昂首行进，神采奕奕。

《天使捧徽》藏书票虽没有文字标示票主是何人，但经考证属勃兰登堡家族所有。当时，勃兰登堡家族送书给修道院时，特别印制了这张藏书票。

天使藏书票设计较简单，藏书票上没有任何文字。这一以贵族纹章为图案的书票，称得上是纹章藏书票的鼻祖了。这一藏书票题材的诞生有深刻的历史文化背景，当时，贵族对门第、身份十分看重，他们的藏书票基本是采用贵族家徽为主体，再配以寓言故事、动物、花草的花纹和少量字母点缀。这种状况一直延续到18

■ 《木版印刷史》Joan B.Batlle de Barcelona作

■ 《探究》西班牙迪维（Oriol M.Divi）作

世纪中产阶级的崛起，书票日渐平民化后，其他样式才逐渐丰富起来。

有人判断，天使藏书票开创了同类型藏书票的先河。19世纪后期，这类盾牌徽章因装饰效果过分繁缛，在新美术运动浪潮下，被现代的绘画藏书票所取代。

《刺猬》和《天使捧徽》都有身为第一张藏书票的理由，然而，它们都有一个重大缺憾，就是上面没有标明创作年代。保存至今标有年代的最早藏书票是在1498年创作的一张藏书票。

1498年，主教泰拉莫努斯·里姆贝格心血来潮，让一位不知名的艺术家为他的藏书制作了一个木刻版画标记，画面上，主教身穿法衣跪拜于伟大的思想家圣·奥古斯丁面前。

迄今尚未发现有比它更早的标明年代的藏书票。这就是说，到底谁是第一张藏书票，到底第一张藏书票产生于何年，还有争论。历史给我们留下了悬念，而收藏家的发现又将不断打破悬念设置出新的悬念。

有一点可以肯定，藏书票的起源和欧洲木版画的盛行，以及铜版画技法的出现有关。自德国人古腾堡发明活字印刷后，读书人与书籍供应量的大大增加，促使欧洲出版事业兴盛。藏书家与标志藏书所有者的藏书票应运而生。

中国美术家协会藏书票研究会常务副主席陈雅丹说："藏书票的产生，可能与木版印刷术的出现和发展有着密切的渊源。木版印刷术由中国人于隋唐时期发明之后，800年后传到了欧洲，1450年德国人谷腾堡发明了活字印刷术，这不仅大大推动了欧洲书籍的出版业，而且使木版印制的《圣经》与书籍插图开始盛行起来。"

欧洲早期的图书是昂贵之物，能拥有图书的人大多是统治阶层、贵族，图书上会有象征所有权的烙印。藏书票缘起于藏书者对图书权属的声明，表示对图书这一特殊财产的珍惜。

事实上，早在藏书票诞生之前，书籍上就有了藏书者的某种固定标志，中国是藏书印标志，西方是图文标志。

公元1188年，修道院院长亨利赠给罗马帝国皇帝腓特烈一世一本精美的书，书的扉页上赫然画着皇帝的形象，图旁有题词，并写着赠书者的名字。此后，腓特烈一世便用它作为自己的藏书标记。但这是画在书上的图文，并非单独的藏书票。

二、藏书票在海外的发展

随着印刷术的发展、图书的普及，藏书者的身份变迁，欧洲人与时俱进，发明了新的办法来给自己的藏书作记号。有人绘制和刻印出带有图案，印有纹章、名字和拉丁语格言的纸片，将它贴在图书的扉页或封二、封三的位置。就这样，藏书票应运而生。

1. 丢勒等名家介入藏书票创作

藏书票的早期题材以家族标志的族徽纹章和图案为主，如早期德国藏书票，大半以武器中的盾牌为主体，占据画面重要位置，再配上天使、王冠、剑、植物等组成不同图案装饰。藏书人的名字写在票的正面或背面。

盾牌徽章的型制，曾流行过相当长时间，这和欧洲封建社会对骑士的崇拜，与贵族各自识别的族徽有关。这个徽章的功能即标明该书所有权的归属。

雕版技术兴盛后，可以批量印制作品，画家们发现这种“漂亮小玩意儿”后，纷纷为之着迷，投身创作。为此，成就了不少名作家和名画家与藏书票的奇缘。

如法国画家为雨果创作的藏书票，德国画家为里尔克创作藏书票，美国画家为杰克·伦敦创作藏书票，其他知名画家如高更、莫奈、马蒂斯、毕加索等也都参与过藏书票创作。当时，德国画家阿尔布雷特·丢勒创作的藏书票更是风靡艺术界和文人圈。

丢勒为他的朋友——法学家、政治活动家维利巴尔德·皮克海莫尔创作了第一张藏书票作品，票上画有皮克海莫尔及其妻子的徽章，并分别用拉丁语、希腊语和希伯来语写了一句格言：“敬畏上帝是智慧的起源。”

除了丢勒，德国宗教改革时期的名画家老克拉纳赫、小贺尔拜因以及巴尔特尔·哈姆等也创作过藏书票，藏书票上的很多图案取材于主人的头像。

越来越多的同时代人效仿追随，纷纷请人为自己的藏书画标记。各式各样的藏书票每版都要印制几百份。德国南方，特别是纽伦堡和奥格斯堡，成了当时藏书票艺术的中心。在奥地利，藏书票艺术中心则在维也纳。

当时，藏书票设计的大多是设计者或票主自己家族的徽章，或者某个特定的图案。后来随着藏书票渐渐地风行起来，版画艺术家们纷纷参与到藏书票的设计和制作中，并在票上镌刻一些俏皮的文字。

当时，有人借了别人的图书不还，藏书票上出现了很多针对这类人的文字：“本室藏书，概不外借。”“请自己到书摊儿上去买！”“上帝的惩罚。”“我公开声明，上帝保佑你（指书）！”还有针对偷书者的文字：“这

■ 《瓶中鱼和羽毛笔》佚名，外国藏书票

■ 《王冠鹰徽纹章》德国丢勒1515年作

书是我的，因此我写上自己的大名；你想偷窃，你将被处以绞刑。”

2. 藏书票从德国传到法英等国

16世纪末到17世纪，藏书票创作高潮在德国已经过去，但在其他的欧洲国家，尤其是在法国，藏书票却日渐兴盛起来，很多著名艺术家都曾受托创作过藏书票。据有关资料，藏书票是在1574年左右才传入法国的，而且起初并不像在德国、英国那么盛行。这是因为法国藏书家有一种嗜好，喜欢把全部藏书拿去加工改成皮面精装，再在封面上压印自己专有的纹章。后来，他们喜欢上了使用藏书票装饰自己的藏书，法国很多大艺术家都曾受托创作过这种小版画，藏书票在那些王公贵族及富商们的图书室里就变得随处可见了。

到18世纪，随着教育的普及和出版业的发展，藏书不再是少数贵族的专利，许多中产阶级也都收藏图书，藏书票也变得平民化了，由原来注重纹章显示地位，转而用图画来表示收藏者的个性与喜好，收藏和交换藏书票成了一种时尚。随着艺术品收藏和集邮的兴起，藏书票收藏成了热点，各国先后成立了藏书票协会。

此时，藏书票趋向个性化，也更追求艺术的意味。如18世纪中叶英国布利牧师以自己书房一角的书堆作为藏书票的构图，表示收藏者的一种情趣。

同时还有英国华尔设计、斯特伦奇雕刻的铜版藏书票《火炬天使》：大书房中上部是一位长翅膀的天使，手持火炬，翩然飘飞。圆形拱顶的书房四壁皆书，中间是大钢琴和大提琴。该藏书票创作于1745年。

这个时期还时兴寓言形式的藏书票，似乎要寄托更多的文化旨趣。如荷兰

■ 《苹果》芬兰Helmritta作

■ 《战地》西班牙Martin Oliete Fontela作

画家迈克尔·伯格斯设计的寓言票，所绘是一对天使骑在凶猛的老鹰背上，一手抓住老鹰，一手护卫牛头，其寓意耐人寻味。

18世纪末到19世纪初，还出现了风景题材的藏书票，其代表作有英国木版画家比威克作的海边古堡藏书票。

19世纪，由于机器印刷业的发展，藏书票使用和流传在欧洲更为普遍。藏书票的黄金时期出现在19世纪的下半叶，欧洲的很多文人都喜欢自己动手或请人设计属于个人的藏书票，有些书店可以根据顾客的需求制作藏书票，英国各地的文具店也接受顾客预订制作藏书票订单的业务，由此可见藏书票的普及程度。

但是，随之而来的是机器批量生产、商业化带来的粗制滥造。因此，19世纪下半叶，英国莫里斯发起了工艺美术运动。艺术家们怀念工业革命之前的美，纷纷加入其中，以精致的流畅线条描绘植物，强调精美印刷效果的藏书票成为那一时期的主流。

欧洲各国的版画大师如英国的霍加斯、毕维克、比亚兹莱，法国的波纳尔等，都曾投身于藏书票艺术的创作并留下很多的不朽之作。同时，西班牙、奥地利、荷兰、俄国、捷克、芬兰、波兰等国的藏书票方兴未艾，出现了一批杰出的藏书票艺术家。

3. 协会成立推进藏书票发展

英国人华伦的《藏书票指要》问世后，1891年2月10日，一批热心收藏藏书票的人在伦敦开会，成立“藏书票协会”。到了年底，该协会有三百多名来自英美等地的会员，还主办了《藏书票协会》杂志，一直到1909年，总共有18

■ 《低回的旋律》西班牙Francois Marechal作

■ 《最后的晚餐》波兰Andrzej Jacek Buchaniec作

本杂志出版。

19世纪末到20世纪，世界很多国家都成立了藏书票协会，有的是全国性的，有的是地方性的。各国此类组织的相继出现，大大推进了藏书票艺术的发展。这是一个当之无愧的藏书票的黄金时代，无论藏书票的质量、数量，收藏、交换和普及都是最好的，人们像着了迷一样地收藏藏书票，还有人成立了拍卖公司，定期拍卖藏书票作品。

这一时期最有代表性的画家当数比亚兹莱和克兰。天才的比亚兹莱在他短短的25年的生命中，创作的怪诞、神经质、唯美的插图与藏书票令人难以忘怀。为了缅怀这位英年早逝的艺术家，英国还专门盖了一座比亚兹莱纪念馆。

当工业革命的巨浪铺天盖地冲击欧洲各国时，人们厌烦机械僵硬的几何图案，于是以弯曲变化的植物枝叶为构图的藏书票便得以流行。如1897年德国人克莱朵夫（也有人译为克拉埃道尔夫）设计了以蒲公英和野花作为背景，加上飞翔的天使和素手弹奏琴键图案的石版藏书票。流畅的笔触传达着浪漫主义的韵味。

当时的藏书票以黑白木刻和铜版技法居多，刻制精良，格调高雅，因此，藏书票获得了一批作家、艺术家的喜爱。如法国的雨果、巴尔扎克、莫泊桑等著名作家均非常喜爱藏书票艺术，而高更、马蒂斯、肯特等画坛巨匠也都喜欢设计和创作过藏书票。

收集藏书票成为风尚，新藏书票自然供不应求，痴迷者们到处收购藏书票，用来收藏和交换，像交换邮票那样。19世纪末至20世纪初，世界上已经有很多国家的收藏者对藏书票兴趣盎然。

4. 藏书票传入美国

19世纪时，藏书票经英国传到美国，在那里也备受人们喜爱。美国藏书票的内容和形式都十分丰富。如著名的美国国会图书馆藏书票：圆形中心的阿拉伯数字“1800”表示图书馆的创建年份，外圆一圈英文字母为馆名，并饰一五角星隔开馆名的首尾字母；圆圈顶端是一只代表美国吉祥物的秃鹰，它脚抓着书籍奋力向前飞翔，象征着好学上进的精神。

欧洲中世纪盛行的纹章藏书票对美国藏书票有一定影响，除一些作家外，美国总统也曾用过纹章藏书票。这些美国总统多为来自英国的移民，因此，他们给美洲带去了这一古老的藏书票品种。如美国第一任总统乔治·华盛顿，他用过一张盾牌上方停有一只鸽子的纹章藏书票。美国第二任总统约翰·亚当斯也有一张盾牌上一只行走的狮子手握权杖的纹章藏书票，还有一张十三颗星星环绕的纹章藏书票。

到了20世纪的70年代，纹章藏书票更多地应用在学校与机关的藏书中，在各类样式的国外书票设计中大约占15%。

有一张有趣的美国藏书票与中国有关，是1919—1935年间美国驻沪总领事克宁翰夫妇贴在《美国名人录》上的“爱侣”藏书票。

画面是书房一角的窗边，一对恋人在相拥接吻，男人手里拿着一本打开的书，遮住了两人的面部，巧妙的是，书的封面上刻着“克宁翰”三个汉字。

这张藏书票内涵丰富，既表现克宁翰夫妇读书兴趣之浓，又让观者遐思无限——也许是窗外明媚的春光触动了读书人的心弦，也许是书中情节引发了读书人的激情，也许是读书太久，读书人需要放松一下身心……克宁翰夫妇这甜甜一吻，不正是有着“读书和爱情一样美好”的寓意吗?

可见，藏书票的发展经历了由纯粹实用性到逐步注重个性化和艺术鉴赏性的一个过程。

藏书票这种艺术形式迅速地风靡全世界，我们可以画出这样一幅藏书票流传的“丝绸之路”线路图：首先它从德国传入英国、法国等欧洲国家，然后传到美洲大陆，最后传到日本等亚洲国家。

5. 藏书票传入日本

藏书票艺术传入东方国家，比较早的是日本，大约在16世纪中期。当时九州一带的西方传教士带来的各种洋书中就贴有藏书票。

1900年，奥地利画家奥禄加设计的四张藏书票在日本《明星》杂志刊出，引发日本艺术界的浓厚兴趣，这四张藏书票成为现代藏书票传入日本的“功臣”。

从此，藏书票在日本文学界和美术界得到了普及和发展。1922年日本成立藏书票协会。1943年以后，会员发展到千人以上，作品风格由因袭欧洲发展到具有独特的东方情味和民族风韵，艺术家创造出令人迷醉的藏书票艺术形象。

三、中国藏书票溯源

在中国，藏书票的创作起步较晚，现今发现的第一张藏书票约出自民国初年的1913年—1914年间，是台湾藏书票收藏家、台湾联经出版事业公司编辑吴兴文发现并收藏的，这张藏书票是《关祖章藏书》。

■ 《飞鹤》日本左野隆夫作

■ 《鸭子从我家门前走过》日本高桥辉雄作

1. 中国的第一张藏书票

说到《关祖章藏书》这张藏书票，有一个近乎传奇的故事。吴兴文在《我的藏书票之旅》一书中的《国人最早使用的藏书票》一文里介绍了这张藏书票，另在《票趣》一书中记述了这个故事。

1990年7月，吴兴文在北京琉璃厂淘书时，发现一本1913年版的《图解法文百科辞典》，在封面内正中央，发现贴有《关祖章藏书》的藏书票。书票长宽为6.5厘米×9.5厘米。

《关祖章藏书》的画面是在满壁皆书的书房里，一位头戴方巾的书生正在搜索图书资料，如书票研究者陈子善形容的那样："一位头戴方巾的书生，翻箱倒箧之余，正秉烛展卷，潜心攻读，四周散落大量的线装古籍和卷轴，图案上方书'关祖章藏书'五个大字。大小两只书箱上分别标有'书林''书易'字样。"

在辞典的扉页上，还用钢笔写有如下英文字句："关祖章藏于美国纽约州特洛伊城第八街一七七号，伦斯勒工艺学校，一九一四年九月二十六日。"

这说明这张书票至少是1914年创作的，作者很可能就是关祖章本人。

据考证，关祖章是中国使用藏书票的第一人，比叶灵凤、宋春舫、郁达夫等藏书票收藏家要早约20年。

叶灵凤是在上海"一·二八事变"之后才迷上藏书票的，以前被公认为是中国藏书票的先行者。而《关祖章藏书》藏书票的发现，不但把中国藏书票史推前了许多，又与中国第一条自行设计、自行勘测、自行修建的铁路紧密关联在一起，意义就非同一般了。

■　《清寂的月夜》日本高桥辉雄作

吴兴文发现这张藏书票后，为了了解关祖章其人，查阅了大量资料。终于在《古今广西旅桂人名鉴》（广西统计局编，1934年）上找到有关记载：关祖章，广西苍梧县人，美国伦勒斯工艺学校（也有人翻译为伦斯莱大学）毕业，历任交通部（现交通运输部）工程师、梧州工务局局长、平汉铁路工程处处长。

关祖章被誉为“中国铁路的先驱”。詹天佑也曾留学美国，1881年毕业于耶鲁大学，是中国派的首批留学生。詹天佑于1905年主持修建京张铁路，聘用了一批中国工程师，关祖章也在其中。1909年9月24日，京张铁路全线通车，实现了詹天佑“全世界的眼睛都望着我们，必须成功”的铮铮誓言。

富有戏剧性的是，过去人们认为这张《关祖章藏书》藏书票只有吴兴文收藏一张，现在笔者统计共发现了三张！除了吴兴文在《图解法文百科辞典》中发现的这张藏书票，后来国家图书馆又在《京张路工摄影》中发现了同样的一张《关祖章藏书》藏书票，且有关背景信息更加丰富。

《京张路工摄影》极其全面、生动地展现了京张铁路这一伟大工程的全景。摄影集装帧华贵，厚重大气，封二除了贴有藏书票之外，还钤有一方与书票内容完全相同的红色藏书印，旁边还有一方小一点的藏书印，上书“图书”二字。

二字中间隔着一只猫头鹰，造型殊异，中西合璧。西方人喜欢将猫头鹰的形象画入藏书票，因为猫头鹰是智慧的象征，同时还可自勉勤奋读书，这与中国人喜欢将骆驼的形象刻入肖像印，以喻任重而道远，有异曲同工之妙。

一张中国人最早使用的藏书票，一条中国人自己修建的铁路，悠悠书香弥洒在时间铺成的铁轨上，收藏者都是收藏历史、遗惠后世的有功之人。

■ 《关祖章藏书》

据考证，这张藏书票很可能是关祖章在留美时期使用的，但是从上述资料看，他在学成归国不久后，即投身于交通建设。

《关祖章藏书》藏书票采用西方引进的艺术形式，构图又完全是中国古典传统风格，而关祖章正是较早留学西方，学贯中西的技术人才。

此前人们都认为是台湾藏书票研究者吴兴文最早发现了《关祖章藏书》，而国家图书馆所藏《京张路工摄影》又把“最早”往前推移了三四年。

在国家图书馆善本室举办“馆藏西洋图书藏书票展”时，一位藏书票收藏家又爆出惊人发现：1997年底，他在北京某旧书店淘得一册杰克·伦敦著的《阶级的战争》，1905年出版，扉页贴有《关祖章藏书》，与吴兴文发现的和国家图书馆展出的一模一样。

如果以书籍的出版年代推断票主使用藏书票的时间的话，中国人最早使用藏书票的历史又可以往前推移好几年了，可能是1905年到1910年之间。

中国第一张藏书票的发现为中国藏书票艺术史写下了一个传奇。

现已发现的早期中国藏书票大都是在北京琉璃厂淘书发现的。吴兴文还发现并收藏了三张大学毕业纪念册藏书票。一张是上海沪江大学毕业纪念册藏书票，一张是1922年—1923年清华学校毕业纪念册藏书票，一张是1923年—1924年清华学校毕业纪念册藏书票。

随着藏书票收藏的兴起，对藏书票的研究考证之风也随之兴起。笔者认为，到底中国第一张藏书票产生于何年？到底哪一张是中国第一张藏书票？就和火花之争一样，现在还尚难论定，还有继续研究发掘之必要。

2. 叶灵凤：中国倡导藏书票的第一人

说起藏书票传入中国，追根寻源，不能不提一个名字——叶灵凤。

叶灵凤是我国最早系统介绍藏书票的人，而且是一位著名藏书票收藏家和研究家，并以此身份加入了国外的藏书票协会，成为中华人民共和国成立前我国研究、收藏藏书票的第一人。

叶灵凤曾不无骄傲地自称："由于我个人的几次介绍，中国读书界也多少知道了一点'藏书票'是什么东西。"（1943年10月《吞旃随笔》）

叶灵凤笔名亚灵等，江苏南京人，作家、画家。早在20世纪20年代即加入了著名的文学团体创造社，创作了大量文学作品，而最具影响的是他的散文，其中仅各类读书笔记就有近百万字之多。

和书如此有缘分的人，喜欢上藏书票是很自然的事。20世纪30年代初，叶灵凤只身寄住在上海北四川路的一家公寓里，每日沉浸在书堆里，潜心钻研书籍的版本和装帧，东西方的书堆满了屋子。

他从中国藏书家的藏书印联想到外国藏书家的藏书票，偶一涉猎，立时对这小小的纸片着了迷。当时，有关藏书票的研究资料很少，中文的材料更是不可能有，叶灵凤于是到处找寻。

一次，他偶然在内山书店的书架上，读到了日本斋藤昌三编撰的内田鲁庵随笔集《纸鱼繁昌记》，从中知道藏书票在日本已相当流行，而且，斋藤昌三恰是日本研究藏书票的权威，著有藏书票研究专著《藏书票之话》。

这一发现使叶灵凤非常兴奋，立即托书店老板内山完造写信到日本去定购。不久，收到回信，得知该书早已绝版，只可能在旧书店里找到。

这回复令人沮丧，但凭着对书的挚爱，叶灵凤给该书的作者斋藤昌三去了一封信，询问他能否设法找到此书，并希望提供一些日本藏书票界的资料。为了证明自己确是一个真正的爱书者，叶灵凤在信中还附了一张自己用的藏书票。

很快，斋藤昌三就热情地回信了，他将自己所存的一部《藏书票之话》送给叶灵凤，还寄了一批日本藏书家所用的藏书票及日本藏书票研究资料，其中包括19世纪末、20世纪初出版的《抑屋》藏书票卷、《日本藏书票会作品图片》、《日本藏书票展览会出品目录》等珍稀资料。

斋藤昌三的热忱，大大增加了叶灵凤研究和收集藏书票的兴趣，他不断往国外发信，函购各类有关藏书票的书籍，并频频出入上海的各家日文书店，到处寻找藏书票。

同时，叶灵凤还将自己研究藏书票的心得写成文章。1933年12月，在施蛰存主编的《现代》4卷2期上，叶灵凤发表了《藏书票之话》一文。

在这篇长达近5000字的文章中，叶灵凤介绍了藏书票的历史，藏书票在德、美、英、法等欧美主要国家的现状、藏书票的制作、藏书票的收集等各种知识。

随文还附录了各国藏书票16张，其中有15至18世纪的早期藏书票，也有各国当代的作品；既有图书馆的专用藏书票，也有文人的私人藏书票，洋洋大观，引人瞩目。

叶灵凤在文末写道："读者中假如也有人见猎心喜的，我当然也不拒绝一点帮助。"这是我国系统介绍藏书票的第一篇文章，当年有不少人正是读了它才真正了解什么是藏书票，并走上喜爱、制作、收藏和宣传藏书票道路的。

■ 《灵凤藏书》叶灵凤1932年作

与此同时，叶灵凤还自己设计了一张藏书票，这就是一度被认为是中国第一张藏书票的《灵凤藏书》(后来才发现有《关祖章藏书》)。

此后，叶灵凤一发不可收，先后写了《现代日本藏书票》《藏书票与藏书印》《完璧的藏书票》等文章，从各个角度介绍宣传藏书票。这些文章通俗易懂，可读性强，并配有大量彩色或黑白照片，令人赏心悦目，对藏书票传入中国，产生了很大影响。

消息传到日本，斋藤昌三十分欣喜，特意在自己主编的刊物《书物展望》上发表文章，予以鼓励："中华民国上海的叶灵凤氏，正在藏书票热中。"

由于斋藤的介绍，叶灵凤加入了日本藏书票协会，结识了该会主持人并开始和日本的爱书者和藏书票收藏家交换藏品。

抗战中，叶灵凤辗转奔波，他的藏书大都在炮火中毁去，而他的藏书票却奇迹般地保存了下来。原来，当时他在香港，日本兵洗劫过他的书屋，而叶灵凤的藏书票大都是日本的。大概是"他乡遇故知"，触动了乡情的缘由，这些士兵们竟然手下留情，放过了这些藏书票，以至最终"完璧归叶"。

抗战胜利后，斋藤昌三先生又和叶灵凤取得了联系，并继续对他收集、研究藏书票予以支持。

叶灵凤曾在一篇文章中留下了这样感激的话语："书屋展望社主人斋藤昌三先生，居然至今还不曾忘记十多年前曾经'热衷'搜集日本藏书票的这个中国友人，特意将他许多年以来新制的藏书票惠赠了一份给我。"（见《书鱼闲话·纸鱼繁昌记》）

四、中国早期藏书票

1. 鲁迅与藏书票

中国早期藏书票的发展史上，鲁迅功不可没。鲁迅先生参与了早期藏书票的研究、收藏，并大力倡导藏书票艺术。20世纪30年代初，鲁迅就开始购买日文版的《藏书票之话》（见鲁迅1930年6月13日《日记》："夜往内山书店买《藏书票之话》一本，十元。"

1933年3月，鲁迅自费出版《引玉集》，介绍苏联现代版画59幅，其中有"国立美术馆图书室"藏书票一张。鲁迅称之为"藏书图记"。

查《鲁迅全集》之日记、书信，涉及藏书票的除了上文，有史可稽的还有两处：

1935年5月和次年3月，先后得刊有藏书票手拓原作的《现代版画》各一辑（13张）。

1936年3月，得唐英伟藏书票10张（随即复函）。

这样，连同1934年底得赖少其《诗与版画》中的一张，鲁迅收藏中国早期藏书票共有24张，完好留存了我国藏书票史上这些极为珍贵的实物资料。

作为中国新兴版画运动的导师，鲁迅收藏的藏书票刊载在1935年5月和1936年5月"现代版画会"出版的丛刊《现代版画》第九集"藏书票特辑"和第十八集中。

丛刊《现代版画》都是由作者直接拓印的手拓本，也就是说其中的作品都是木刻原作。自然，鲁迅收藏的刊于《现代版画》中的藏书票也都是木刻原作。这些木刻藏书票原作，出于不同作者之手，有着不同的艺术格调，但又有一个共同的特点：洋溢着浓郁的民族风格。

且看看其中几张木刻藏书票的艺术特色。

潘业作的一张《潘业藏书》藏书票，以我国民间砖刻画的刀法毛糙的艺术处理手法，以远山近水为背景，表现了一位青年孜孜不倦的好学精神。在野外走路时还在读书，使人可敬。青年人后面亲昵地跟着一只狗，增添了画面的生活气息，耐人寻味。

唐英伟作的《英伟藏书》藏书票，以遒劲有力的木刻刀法，刻绘出一个朝气蓬勃的青年人，在读书，在思考，引人遐想。

潘昭作的一张《潘昭藏书》藏书票，画面用稚拙的刀法刻着我国民间年画中常常可以看到的、表现“和合”吉利题材的儿童形象，天真可爱，民族特色浓郁。

刘兴宪作的《兴宪藏书票》，用点刻和块面刻的刀法，刻绘着一株梅树花朵盛开，一只报春的飞鸟在梅树下刚刚降落，画面显得充满生机，预示春天就要来到，也富有特色。

张在民创作的两张藏书票，以果品形和书卷形作为设计主体，进行朴实单纯的艺术处理，十分别致，给人留下深刻印象……

鲁迅之所以把这些木刻藏书票精心地收藏起来，同他搜集编选的《十竹斋笺谱》《北平笺谱》以及计划编选的古代石刻画、砖刻画一样，是为了继承和发扬民族艺术的精华。

鲁迅是中国新兴版画运动的导师，其所创立的版画理论和倡导的新木刻运动，间接地指导与影响了藏书票艺术的发展。

■ 《鲁迅与美术》张家瑞2013年作

2. 早期藏书票在中国的兴起

在叶灵凤和鲁迅的介绍倡导下，20世纪30年代藏书票在中国兴起。

随着西方版画传入我国，藏书票引起了中国画家、文学家的兴趣。到20世纪30年代，中国藏书票的制作与使用在文化圈内已经小有规模。除了叶灵凤的介绍首倡，李桦、刘仑、刘兴宪、赖少其、陈仲纲、刘影等人都是此时期在中国开创藏书票艺术的中坚，也可以说是使书票艺术扎根于中国的奠基人。

继《关祖章藏书》藏书票之后，上海图书馆还收藏了戏剧家宋春舫的《褐木庐》藏书票。《褐木庐》藏书票约作于1920年。

《褐木庐》藏书票存世应有多张。在吴兴文的《票趣》中写有："1989年8月造访北京琉璃厂，经友人陈子善指引，赫然在旧书堆中发现'褐木庐'藏书，每本都贴藏书票，并且标明藏书编号，欣喜若狂！"可见，吴兴文和陈子善均藏有该张书票，且吴兴文当有多张。

藏书票收藏家和研究者贾俊学还在淘书中发现了1928年的《饮水思源》藏书票，作者系金陵大学西文教授裴德安。

此外，他们还发现了1931年制作的《伍连德书楼》藏书票，现存于上海图书馆。

在广州，1934年6月19日创办的"现代版画会"出版了《现代版画》"藏书票特辑"，使藏书票正式登上大雅之堂。

"现代版画会"是由当年广州市立美术学校的进步教师、著名版画家李桦发起创办的，骨干成员有赖少其、唐英伟、陈仲纲、张在民、潘业、刘兴宪、潘昭、胡其藻等。选编在丛刊《现代版画》中的藏书票，都是"现代版画会"

的成员所作。

1937年，日本出版了《趣味藏书票》一书，收录了中国藏书票艺术家李桦等四人的藏书票，这是中国藏书票艺术第一次参与国际交流。

20世纪30年代出现藏书票热，到80年代前，因种种原因，中国藏书票发展缓慢，藏书票只限于少数画家的个人创作和收藏，少有发表和交流。

这期间，有一张珍贵的抗战藏书票值得一提。

中国藏书票史研究专家李允经在撰写《中国藏书票史话》一书的时候，著名藏书票艺术家鹏程对他说："罗工柳先生在抗战时期刻过一张藏书票，你不妨去拜访一下。"

后来，在中国美术家协会的一次联谊会上，李允经见到了罗工柳的夫人杨筠，便问她是否确有此事。她作出了肯定的回答，并欢迎李允经去访问罗工柳。

隔天，李允经到中央美术学院拜见罗工柳。他们夫妇很热情，也很健谈。罗工柳回忆说："那是在1939年，我们在晋东南八路军总司令部驻地刻的。我和胡一川、彦涵等都是鲁艺木刻工作团的成员，我们经常刻一些抗战题材的木刻，并在《新华日报》华北版上创办了《敌后方木刻》副刊。"

罗工柳从一个锦盒里取出一张照片拿给李允经看，说："那时候也不知道藏书票是什么规格，就刻了这么一张，小小的就像一张小型邮票一样。中间刻着两个八路军战士的头像，侧面飘上来的是一面大红旗，下面横放着一把木刻刀。刻完印好就把它贴在本子上，一直保存至今。遗憾的是，我家在修房，临时搬到学校来住，那个本子一时不好找，你在写书，这张照片就送给你。究竟算不算藏书票，你们去研究好了。"

经过研究李允经认为，罗工柳创作的这张藏书票是极其珍贵的抗战题材的藏书票，而且是中国迄今为止发现的唯一一张抗战题材的藏书票，在藏书票史上有着永恒的重要的意义。

古元是中国版画元老之一，按说他也应有藏书票创作，然而，迄今笔者尚未发现古元的藏书票。不过他的版画艺术影响了藏书票的创作和发展，所以现在还有一些藏书票艺术家怀念这位中国现代版画艺术的拓荒者，为他创作书票。

3. 现代作家的藏书票

藏书票首先是在版画家之间交流，其次是版画家与作家、艺术家的交流。作为写书人，作家与藏书票有不解之缘。

20世纪二三十年代的新文坛高手中，戏剧家宋春舫的《褐木庐》藏书票、散文家叶灵凤的《灵凤藏书》藏书票、小说家施蛰存的《无相庵藏书之券》藏书票，都是他们亲自参与设计，兼具艺术和史料双重价值的珍品，可遇而不可求。

据现有资料，1933年，诗人郁达夫也曾介绍、收藏过藏书票。

此外，现代文学史料专家陈子善曾介绍过三位现代作家长期鲜为人知的藏书票故事。

第一位票主是新月派大诗人孙大雨。1926年夏，孙大雨到美国新罕布什尔州有名的达德穆学院深造。在异国的书店里，孙大雨被五彩缤纷的藏书票所吸引，最后挑选了一种由航行的帆船和整洁典雅的书桌组合成的“My Book”图案的藏书票，供自己使用。

藏书票制作者已不可考，但这别致的图案颇切合票主当时远涉重洋、渴求新知的心境。这张藏书票粘贴于1912年伦敦出版的意大利文与英文对照本《米开朗琪罗十四行诗集》的“封二”，上面还有孙大雨亲笔签名M.C.Sun(孙大雨学名孙铭传的英文缩写)，迄今已百余年，书和藏书票都已成了珍贵的“文物”。

第二位是女诗人、翻译家赵萝蕤。她是新月派另一位名诗人陈梦家的夫人，1944年秋由昆明西南联大启程赴美，入芝加哥大学攻读英美文学。

这张藏书票也是赵萝蕤自己在纽约的书店里选定的，原作者为美国著名木刻家Rockwell Kent，这幅木刻构图简洁，线条遒劲，远航的帆船背景上一位捧着书本的青年姑娘若有所思，意味深长。

赵萝蕤因这姑娘的面影与自己相像，十分喜爱，遂请书店再加印英文姓名Chao Lo－Rui作为自己的藏书票。

据赵萝蕤回忆，她收藏的许多好书都使用这种藏书票。令人痛惜的是，大部分藏书票已与书一起在十年浩劫中散失。现在幸存的这张粘贴于美国作家亨利·詹姆斯的名作《金碗》这本书的“封里”，这部小说还是新月派另一位重要诗人邵洵美送给赵萝蕤的礼物，更具纪念意义。

第三位是已故马来西亚华人作家温梓川。温梓川在20世纪20年代末从南洋到上海暨南大学求学，热衷新文学，与许多新文坛名家交往甚密。他在40年代出版的小说集《美丽的谎》曾得到郁达夫的赞赏，50年代在星洲世界书局出版的《文人的另一面》，写耳闻目睹的新文学作家的奇闻轶事，文笔清新活泼，风行一时。

陈子善曾与温梓川通信，温梓川割爱赠《文人的另一面》初版自存本给陈子善，扉页正中就赫然粘贴着他自己的藏书票，也是乘风破浪的大帆船图案，只不过构图更单纯，风格更凝重，上面还加钤温梓川名印，中西合璧，相得益彰。

■ 《沈从文》冒怀苏1998年作

■ 《永远的冰心》陈行2003年作

■ 《古元藏书》郁田作

与前两张相比，温梓川这张藏书票最“年轻”，但至少也有约半个世纪了。

三位现代作家经历各异，成名有先后，相互之间也未必认识，却都不约而同地把扬帆的航船图案选作自己心爱的藏书票。这或许与他们相同的经历有关。他们三位当年为完成学业，都曾漂洋过海，远离故土，在异国他乡的感觉是复杂的，甜酸苦辣，有时难以言传，这种情绪也许就有意无意地在这小小的藏书票上得到了抒发与宣泄。

为作家创作藏书票在版画艺术界已经形成传统，至今当代藏书票艺术家还在继续为作家创作藏书票。如冒怀苏创作的《沈从文》，丁立松创作的两张《纪念鲁迅先生诞辰120周年》藏书票，张德光在1998年为郭沫若作的肖像藏书票，陈行的4张《永远的冰心》木刻藏书票，分别表现冰心四个时期的风貌，这些都是作家藏书票的代表作品。

五、中国融入世界藏书票

第一次世界大战期间，各地收藏家、艺术家来往通信受阻，收集藏书票热情一度消减。20世纪30年代又是一番新局面，藏书票协会纷纷复苏。

第二次世界大战期间藏书票一度凋萎了，50年代又呈复兴之势。今天，比利时、奥地利、英国、捷克、丹麦、芬兰、法国、荷兰、意大利、葡萄牙、西班牙、瑞典和瑞士等欧洲国家都有藏书票协会。

伴随世界多国成立藏书票协会，藏书票展览于20世纪50年代兴起。1953年，藏书票国际会议在意大利收藏家们的倡导下召开，此后，藏书票国际会议每隔一两年举办一次。伴随藏书票国际会议，国际藏书票展应运而生。藏书票展览主要是为藏书票收藏家提供收藏机会。

1.“国际藏书票联盟”成立

1966年7月28日，欧洲各国的藏书票协会的代表们决定成立“业余藏书票协会国际联合会”（简称FISAE），后被称为“国际藏书票协会联盟”或“国际藏书票联盟”，该联盟每两年组织举办一次国际藏书票会议，同时举办国际藏书票展。

到今天，FISAE的成员数量已发展到包括中国国家藏书票协会在内的数十个之多。FISAE只吸收藏书票协会作为会员，不接受个人加入。

FISAE帮助各国藏书票协会建立相互联系，促进了书票收藏家与艺术家之间的关系，推动了世界各国藏书票事业的发展。国际性藏书票展览交流活动从二战后，迄今已经举办了30多届，如今，国际藏书票展已成为各国藏书票艺术家和收藏家的一大盛事。

在第25届国际藏书票协会联盟大会（1994意大利米兰）上，我国提交了关于1998年在中国天津举办第27届国际藏书票协会联盟大会的申办提案，直到2008年，第32届国际藏书票协会联盟大会终于在中国北京举办，国际藏书票展亦如期在北京举办！

中国藏书票艺术家大踏步走向国际藏书票舞台，并在国际藏书票活动中占有了一席之地。2006年，在瑞士尼翁举办的第31届国际藏书票联盟大会和双年展上，入选参展艺术家共计295名，而中国入选参展的艺术家就有129名，占全球参展人数的43.7%，其中包括14名中国台湾和七名中国香港的艺术家在内，中国艺术家几乎占了国际藏书票大会和双年展的半壁江山。

中国藏书票成为国际藏书票阵容的生力军，是新时期中国藏书票队伍快速发展的必然。

2.新时期迎来藏书票的春天

20世纪80年代初，随着文艺春天的来临，中国藏书票的创作和收藏逐渐由冷门变成热点。

1979年和1980年是中国新时期藏书票创作萌动之年。所谓萌动而不是启动，是因为只有个别艺术家介入藏书票创作。这“个别艺术家”其实就是两个人，一个是李桦，一个是莫测。此时，70多岁高龄的版画家李桦重拾藏书票创作，1979年11月7日至12月2日，第六届全国版画展在北京中国美术馆举行，展出作品390件，其中有李桦创作的四张藏书票。

或许，李桦这四张藏书票展出，激发了莫测创作藏书票的灵感。1980年，莫测为《藏书票笔谈》创作了四张藏书票，堪称中国新时期最早的藏书票之一。这四张黑白木刻藏书票以山水风景和鱼类为题材，一张写有“莫测书票”，一张写有“莫测之书”，另外两张用拼音字母写有“MOCE”。

莫测和李桦的藏书票创作，都属于“春江水暖鸭先知”，开启了新时期藏书票艺术创作的闸门。1980年12月，李桦拿出四张自用藏书票参加北京、广东、山西版画联展，进一步引起一些艺术家的注意。同时，香港的黄俊东对藏书票的宣传也引起了内地艺术家的注意。

而内地率先介绍和提倡藏书票艺术的有莫测等。莫测的文章发表于1982年6月2日《光明日报》和1982年第六期的《版画艺术》。随后，梁栋也在1982年发表了《袖珍版画藏书票与贺年片》一文。

文艺春天的来临激发了藏书票艺术家的极大热情和潜能，版画家纷纷进行藏书票创作。莫测在倡导创作藏书票的同时，以身示范，创作了一批高水平的藏书票作品，其中“湖村渔舟”系列藏书票仅笔者收藏的就有六张，代表着那个时代的风格特征。

1983年7月26日，第八届全国版画展在中国美术馆开幕，展出了王叠泉、梁栋、蒋志林的水印套色木刻藏书票共32张。这是藏书票在中国首次较集中地登上全国版画大展。

这里重点介绍老版画家李桦（1907—1994）的创作。他在70多岁的高龄时，仍在刻制新的藏书票。他在1983年创作了一张《双骑图》藏书票，表现骑者策马奔腾的场面，人欢马叫，生动活泼。

还有一张《骆驼》藏书票，一匹很美的骆驼，昂首信步作千里之行，姿态沉雄矫健，图案下方有一条黑色饰带，刻有白文“李桦藏书”四个字，居中留一白色块，留记书号之用。

还有一张《古瓶白梅》藏书票，四色印成，多姿的寒梅，插入典雅的古瓶内，不需注释，读者眼明，必知是言志之作，抒发了老艺术家的壮志豪情。

李桦作有一张方寸大小的小书票，淡淡的蓝底上立着红冠红尾的小公鸡，背上翅上印染着黑色，刀味、木味十足。还有一张藏书票，图案上方有一行浅红字，画面等分四格，阳文白虎与阴文朱雀，上下左右各成对比，装饰趣味溢于画外，虎雀造型古拙朴实，吸收了汉画之美，借用了“四神”典故(《史记·天官书》有“东宫苍龙，南宫朱鸟，西宫咸池，北宫玄武”之说，是古代关于四方天文星座的神话，四神皆为祥瑞的象征)。

画家着眼于虎雀之艺术表现，既稳重，又飞动，既矛盾，又统一，耐人赏读。

他还有两张迎晨之作，一张为灰黑二色套印的《晨曲》藏书票，生动地描绘两只小雀一飞一落，于枝头对话，下有行书一行，像正在对歌；另一张，左下角有黑色篆书“桦翁曾读”字样，右下有备写书号的细线一条，仿佛一条地平线，画面中间有一轮渐升的浅红旭日，上压印相倚翱翔的背光双鹤，十分优美，是一首赞颂祖国大地的抒情小诗。

此外，还有两张制印优美的藏书票《荷花古瓶》与《绕茎双花》，是老画家研究我国古代陶瓷艺术的成果，古瓶荷花印染之优美，双花构图的飞动以及色彩的精心调配，水印的艺术趣味使人赞叹不已。

从李桦在文艺的春天重新焕发的创作激情可见中国版画界藏书票艺术青春的活力。

3. 中国版画藏书票研究会成立

与此同时，中国也成立了藏书票研究会，并举办全国藏书票展览。

1983年底，在梁栋等的倡导下，梁栋等一批版画家开始着手创办有关藏书票的组织。1984年3月16日，中国版画藏书票研究会在北京人民美术出版社成立，梁栋当选为首任会长。1986年3月10日，该会在北京召开扩大理事会，决定改名为“中国藏书票研究会”（1994年4月，在北京召开全国第五次全国藏书票展览会，决定改名为“中国出版工作者协会藏书票艺术委员会”，后又更名为“中国美术家协会藏书票研究会”）。

■ 《韩瀚藏书》莫测1983年作

■ 《李桦珍藏》李桦作

在藏书票研究会的推动下，中国藏书票展如火如荼，有时会出现几个展同时在不同城市举办的盛况。中国最重要的藏书票展是全国藏书票展览会，起步于20世纪80年代。

1986年8月24日，中国藏书票研究会在上海徐汇区文化馆举办了“首届全国藏书票展览会”，入选参展作者多达532名，参展作品高达1117件之多，并在此后一年之内巡展无锡、广州、北京等12座城市。此后，全国藏书票展基本每两年一届，发展速度之迅猛显示出中国新生的藏书票事业巨大的潜力。

4.中国藏书票走向世界

1987年到1988年，中国藏书票走向世界，分别在日本、美国、荷兰“国际双年展”上展出。在国际展上，中国彩色的木版水印书票在西方以黑白为主的书票世界中格外醒目。

主办者荷兰藏书票协会主席德·布鲁金说：“中国的藏书票有强烈的民族色彩，比日本的藏书票更富变化，其取材、立意与制作都独具匠心，耐人寻味。”

1986年举办首届全国藏书票展览后，各地相继成立了藏书票研究会，举办藏书票展览，大量的有关藏书票的文章见诸各地报刊，藏书票创作和收藏蓬勃发展。正如中国版协藏书票艺术委员会秘书长陈雅丹所说：“中国已经形成了一支日趋成熟的藏书票爱好者队伍，中国的藏书票事业发展之广、速度之快是一个奇迹，而且意义深远。”

李桦也曾说：“版画藏书票固然是艺术小品，亦能登大雅之堂，这是因为它是文人雅事，而且与传播人类文化的图书典籍直接有关。无论何时我们都需

■ 《龙书》梁栋1997年作

要知识、文化，都要提倡读书、爱书、藏书，那么使用和搜集藏书票，便不仅仅是一件满足文人雅趣的小事了。”

李桦不断撰文，在版画家中倡导藏书票创作。他说：“我们对于版画家刻藏书票应有这样的认识，即自刻藏书票主要是为了自用。拿藏书票来供人观赏，以提高社会的读书风气，给人们以享受艺术美的机会，这是可以的，但非主要目的；为了国际交流，也不是创作藏书票的真实意义。这项艺术活动要求刻藏书票的版画家自己应是个读书人，不仅读书，而且爱书、藏书。这样，他便能满足自己的创作欲，也能增加自己对书籍的感情了。”

中国藏书票大踏步走向世界的同时，一些城市举办了全国性乃至国际性的藏书票展，除了两年一度的全国藏书票展，还有“广州国际藏书票暨小版画双年展”、“梅园杯上海藏书票邀请展”、“梅园杯上海国际藏书票邀请展”、“上海藏书票艺术展”、“武汉全国青年藏书票暨小版画艺术展”、上海弗闲斋藏书票社“国际藏书票邀请展”等，都是具有全国影响力和国际影响力的展览。

2010年，在伊斯坦布尔举办的第33届国际藏书票联盟大会和双年展开幕式上，当土耳其藏书票协会主席哈西普·佩克塔斯宣布大会开始时，会场上可以听到中文翻译的声音，这也是在国外的藏书票联盟大会的开幕式上第一次有了中文翻译，这正是自2008年中国在北京中华世纪坛世界艺术馆举办第32届国际藏书票联盟大会和双年展之后，中国藏书票的国际地位提升和参加人数不断增加所带来的必然结果。

■ 《第1届至第26届国际藏书票会议纪念》左焕章2000年作

■ 《第26届国际藏书票大会在捷克召开，中国藏书票代表团全体成员》左焕章2000年作

六、藏书票的特点和功能

初介入藏书票这一艺术领域的人大都会对这一藏品产生兴趣，收藏爱好者迫切想知道：藏书票有哪些特点和功能？藏书票的基本特征是什么？

对此，李桦先生有一段话有助于我们的理解。李桦先生说：“我们创作的藏书票，便须刻上藏书者的姓名(别号或书斋名)及藏书的年份。按作者的兴趣，还可刻上书的编号、类别、卷数及特点等。至于所选用的题材则是无限制的，以装饰为主，也可用以表达藏书者的思想、兴趣和含有一定寓意的事物。”

1.藏书票的特点

笔者总结出藏书票具有以下“六要素”，这“六要素”就是它的基本特点。

（1）版画是藏书票的载体

尽管国外还有手绘藏书票，并且现在已经流传到中国，还有其他绘画形式也应用到藏书票中，包括现在还出现了电脑藏书票，然而，作为一个收藏者要切记，版画是藏书票的主要载体，也就是说，只有版画原作藏书票才具有较高的收藏价值。

（2）“Ex Libris”是藏书票的名字

这一名字全球通用。有些国际藏书票参展要求藏书票必须标明“Ex Libris”一词，才认可参展。而在我国，藏书票除了有“Ex Libris”之外，大多数还有中文“XX书票”"XX藏书”"XX藏”“XX的书”等字样。

（3）签名是藏书票的保真证明

藏书票的下面都有藏书票作者的亲笔签名，签名是铅笔签写的，此外还有作者同时用铅笔标写的制版标号、印量、制作年月日，有的仅有签名和制作年份。

（4）美感是藏书票的魅力

藏书票首先是艺术品，艺术品必须有图案、纹饰，或写实，或抽象，必须给人美感。也有少量书法藏书票，没有图画，只有书法文字，但也重在表现出书法篆刻之艺术美。

（5）票主是藏书票的身份证

藏书票必须有票主(即书的主人)的姓名，有的写的是票主的别号或书斋等，票主名字的标识俨然成了藏书票的身份证。亦有极少的藏书票上没有票主名，但留下了空白处供票主盖印，这类藏书票称为通用藏书票。

（6）小巧玲珑是藏书票的本色

除了前面称藏书票是“纸上宝石”和“版画珍珠”，还有人称藏书票是“纸上蝴蝶”。这都说明了一点，就是说小巧玲珑是藏书票的本色。现在有一种倾向，就是藏书票大型化，直至比书还大，似乎要靠大申报吉尼斯世界纪录。或许，大过书的藏书票已经丧失了藏书票的本色。

其实，在笔者看来，小的才是好的。藏书票正是因为小，才称其为“版画珍珠”。从“纸上宝石”这一称谓，也可感觉到小才是藏书票的真谛。在最小的尺幅中，表现出最丰富的内涵，这才是有艺术价值的藏书票。如有的佛像藏书票，仅仅只有邮票大小，但它画面中的佛像却是可以有数10米高的壁画或雕塑。

藏书票作为小版画，是富有美感的艺术品，它们都是以版画为载体，都有作者签名且都小巧玲珑。从藏书票实物可感知藏书票的特点。

■ 《春风的书》牟春风1998年作

■ 《梁淑祯藏书》梁淑祯1997年作

■ 《芳芳藏》曹芳作

2.藏书票的功能

藏书票既有实用性，又有欣赏性和装饰性，它与读书生活密切相关，与广泛的文化传播相结合，正在成为一种从文人书房走入大众的高雅收藏品。

简单概括而言，藏书票有如下功能。

（1）审美功能

有欣赏价值的艺术品才易于成为收藏品。藏书票图文并茂，色彩绚丽，制作精美，题材多样，内容丰富，有很高的审美价值，因此被称誉为“艺苑珍珠”。

（2）实用功能

藏书票是书籍主人的标志，贴在书的扉页，和藏书印一样，是书籍持有者的身份证，有实用功能。

藏书票的实用功能是任何其他原作艺术所不具备的，这是藏书票的独特性。（邮票也有实用功能，但邮票不是艺术品原作。）

（3）收藏功能

藏书票小巧玲珑，适合收藏，正在形成和壮大的收藏者队伍就是其收藏功能的明证。

（4）投资功能

藏书票的投资功能是由收藏功能衍生出来的。在这个大众收藏投资浪潮一浪高过一浪的时代，任何收藏品都具有了投资功能，然而，藏书票是未来最有收藏投资价值的收藏品之一，这是笔者10年前就提出的观点。现在这一观点正在被发展中的现实所证实。

藏书票比邮票火花大一些，又比国画油画等艺术品小得多，正在被越来越多的收藏投资者当成新的投资工具。

（5）交友功能

最早的藏书票收藏其实是在文人间交流的，中外一样。交流主要是为了发展和促进友谊，演化出交友功能。交友主要是通过三种形式，一是画家给作家和艺术家制作藏书票，促进了画家和作家、艺术家的友谊；二是画家通过赠送、交换和出售藏书票，与收藏家建立友谊；三是收藏者之间、收藏者与书票商之间通过交换和买卖关系而发展成为朋友。

通过书票交流能使不同国家、不同地区的画家、作家、收藏家以及艺术爱好者、文学爱好者、收藏爱好者等各领域的人会集在一起，成为好朋友。

（6）爱书功能

在《读书》杂志上，李桦先生撰文《为什么要提倡藏书票》："今天，我们为什么要提倡收藏、品鉴藏书票呢？这是为了提高读书、爱书与藏书的兴趣。我们用藏书票把读书、爱书、藏书联系起来，是想由此丰富读书人的精神生活。我们不仅为了知识而读书，更爱护所读的书，珍藏所爱的书。读书、爱书、藏书是文人的好品德。爱书的人想要装饰自己珍藏的书籍，在书籍上盖个珍藏章，贴上张藏书票更觉别致而美观了。"

七、藏书票与藏书章的异同

藏书章即藏书印，它是古代文人为了证明书籍的主人，盖在书上的标志性印章。

藏书章让书籍不仅仅是获得知识的工具，更是一件具有附加价值的艺术品。在中国古代，藏书章运用篆刻艺术将藏书者身份钤印在书本当中；而在欧洲，则衍生出藏书票，利用版画的制作程序，将图像刻画成一幅小版画图案贴在书里。

中国藏书章起源于唐，至明清而极盛。它的发展与出现，与中国造纸术、雕版印刷术，以及书籍的印刷生产有着密切的关系。藏书章为了体现它因藏书而派生出的功能，内容与形式上是用文字表示的。

中国藏书章的名称极多，主要是围绕藏书活动以及作为藏书所有者的标记，如用姓名、别号、斋馆、收藏、箴言、警句、成语等，都可称为藏书章，并不限于藏书印三个字的名称。

两种文化孵化了两种藏书标记形式。为何西方的藏书票和中国的藏书印不同呢？是因为我们传统的书籍是线装书册，适宜钤上印记；而西方书籍讲究装帧，那些硬皮精装的洋书自然比较适宜贴上藏书票。

中国人用惯印章，这也是藏书票在中国至今没有流行的主要原因。

不论藏书印还是藏书票，其目的与出发点皆同，都是证明书籍收藏者和持有者身份的一种凭证，故藏书票与藏书印基本上是具有异曲同工之妙的实用艺术。这是它们的相同之处。

藏书印与藏书票两者的不同之处在于：

1.藏书票以图为主，藏书印以文为主

藏书印大多没有图画，或者只有简单的图画。藏书票除了图文并茂外，它还是一种类似微型版画的艺术形式，并被雅称为“纸上宝石”“版画珍珠”等。

藏书印上多刻有“××藏书”“珍玩”“曾读”等字样，藏书印的内容多围绕藏书活动而命名，或刻有姓氏、别号、斋馆，或刻有箴语、警句、成语等。

清代席鉴有“学然后知不足”的藏书印。

在一部清代的《授衣广训》上还有这么一张藏书印：“有钱便买，穷了就卖，下雨收好，晴天再晒。”颇见情趣。

有的则有“子孙保之”或“勿折角，勿以坐枕”等字样以示告诫之意。

还有一种藏书印，刻有“生命可轻，至宝是重”“一种心勤读书”等格言。

而当代藏书票艺术推陈出新，把中国古代藏书印传统中的格言警句，融入西方藏书票载体中，堪称中西文化交融完美合璧的又一典范。

如江西上饶师范学院艺术系教师洪广明的书法系列藏书票，这些书票中的书法文字都与书票中的图案相吻合。如一把锄头，配以通俗的文字书法；一头牛，配上书法——“勤憨朴真善为百姓之特点”。

再如上海王嵘创作的《般若波罗蜜多心经》藏书票，作者以擅长的篆刻艺术，创作了一幅长篇书法藏书票，形成了独具特色的中国书法系列藏书票。

藏书家对书的钟爱，不会因用印或用票而有所不同；而对于藏书票收藏者来说，却有所不同：他们更钟爱藏书票的画面感，认为藏书票具有更高的审美价值。

2.藏书票有色彩，而藏书印缺少色彩

与藏书票的形式相比，藏书印缺少了色彩，而这项差别正巧是各自的特色，目的也同样都是要标示书籍的归属。

■ 《翔云藏书》殷翔云1998年作

■ 《般若波罗蜜多心经》王嵘1998年作

■ 《幼泉珍书》顾锡田2000年作

丰子恺曾对金石艺术作了精辟的评语："在不满方寸的小空间，布置、经营，用自己的匠心，造成一个最理想、完美无缺的具足小世界，这是西洋人梦想不到的幽境。"

今天，藏书票在我国日渐盛行，在于它比印章更色彩丰富、形式多样。除图文并茂外，还可以套印颜色，这些手段使藏书票富于装饰性。如果再加上某种寓意，其赏读就更需要看和想，透过画面的形与色，感知作者的用心。这种色彩、装饰也就更有趣，更有收藏的价值。

3.藏书印有更悠久的历史

早在公元前770年至公元前475年的春秋战国时期，中国就产生了印章。到了唐宋时期，随着线装书的出现，文人喜欢在藏书上盖上有自己的姓名、别号、书斋名、馆名等称呼的印章，这种印章就叫藏书印。

一般藏书印只刻上书主或书斋名称，也有刻字很多的，如明代祁承业的藏书印即刻着："淡生堂中储经籍，主人手校无朝夕；读之欣然忘饮食，典衣市书恒不给；后人但念阿翁痴，子孙益之守勿失。"

这样内容丰富的印章较之单一名字的印章要有趣得多。至于近人的藏书印中有所谓的"某某藏书"或"某某珍藏书籍之印"，例如"长乐郑振铎西谛藏书"，可说纯粹是藏书印记，多少受了西洋藏书票的影响，与传统藏书家常用的"读书""校书""经眼"之类的图记是有分别的。

藏书票只有500多年的历史，而藏书印的历史要悠久得多。

■ 《印章藏书票之（一）》龙开朗1997年作

■ 《印章藏书票之（二）》龙开朗1997年作

4.藏书票有更高的收藏价值

藏书票，在形式与图案方面千变万化。丢开书籍本身，仅仅对于藏书票的收集，就和邮票一样，漫无止境。而藏书印却因形式上的限定，除字句变动外，几乎保持着固定的规模。因此收藏藏书票成为潮流，而收藏藏书印的还不多见，且大多是收藏书籍的附带。

5.藏书票相对于书籍有独立性，而藏书印是依附书籍而存在的

藏书印是盖在书籍上的，其载体是书籍；而藏书票是另外纸张的单独制作，是粘贴在书籍的扉页上的。

两种不同的形式其实有深刻的东、西方文化背景和文化心理的差异：中国传统文化是一种内敛、含蓄的文化；而西方文化是一种外向、开放的文化。

除了精神的因素以外，还有物质凭借的因素。中国人使用藏书印，欧美人使用藏书票，与书籍的装订方式有关。

古代东方国家书籍所使用的纸张，其纸质较为轻薄柔软，并采用传统线装作为装订形式，较为适合印章盖印；西方国家则相反，书籍的纸质，如印书纸或铜版纸等，都比较厚重、坚硬，无论是平装或精装，皆采用硬纸作为封面，亦即所谓硬皮精装的洋装书，自然更适合于粘贴的方式。

尽管有种种不同，西洋的藏书票与中国的藏书印可谓殊途同归。管殿武的《读书好好读书读好书》，分明是中国古代藏书印中的印文，配以彩色图案，印制在宣纸这一纸质载体上，就成了一张既有东方传统，又有西方韵味的藏书票了。

藏书票的历史比邮票早了300多年，它的实用性与艺术价值让接触过它的人都深深地被它吸引，从而成为全球性的收藏热点。

20世纪末，有人尝试将藏书印与藏书票融为一体，采取印章刻印方式来制作藏书票，或以藏书票制作方式为主，设计中融入中国的藏书印的元素。较多采用这两种方式创作藏书票的艺术家有贵阳的龙开朗、邵天华、吴家华，上海的王嵘、侯金利，天津的刘硕海等。北京图书馆出版社为建馆90周年出版的北京图书馆藏书票，也是票印成功合璧的范例。

从某种程度上说，所有刻制的书法书票都具有印章书票的特点，但孙玉洁、龙开朗和顾锡田等刻制的印章书票是典型的印章书票，而周新如刻制的《周舟珍藏》则是将西方藏书票的画面和中国古典印章融为一体的藏书票。印章书票金石味浓郁。

八、藏书票的种类和版别

1.藏书票的种类

藏书票的种类较多，有不同的分类方法和角度。从创意来源，有些藏书票是定制的，有的藏书票是制作后收藏的；从题材角度来看，有风景、名人、儿童、仕女、读书生活、动物、植物等；从样式看，有长方有椭圆，也有三角形、多边形等；从色彩看，有单色也有彩色；从制作材料上，有木制、石制、金属制、竹制、纸制、丝网、布料、植物叶片等；从工艺角度来看，藏书票的制作载体是版画，有不同的版别，主要有木版、铜版、丝网版、石版、纸版等。

藏书票的艺术趣味千变万化，内容更是丰富多彩，各有妙思：有的画灵性植物，有的画古典雅韵，有的画名人形象，有的画童年意趣，有的画书籍与烛光，有的画健美的人体，有的描绘勇猛的野兽，有的画山光水色，有的画名胜古迹、小鸟、蝶、鱼，有的画神话典故与民间故事，以至太空星斗、幽默小品、马戏表演，以及藏书家的处世铭文，告书友之言……真是百花竞放。而有多少题材专题，就有多少类别。

随着科技的发展和艺术的进步，版的材料越来越多，现在的藏书票甚至不限于版画技法了，如电脑藏书票的兴起，是高科技的产物；蜡染藏书票的出现，是将民族传统工艺和民间艺术融入西方艺术。

但在本质上，藏书票是“版”的艺术，版是什么？藏书票在方寸木块、石块或金属块等上面，以方形、圆形、长方形、果品形、动物形、书卷形等各种形状的构图，刻出带有装饰趣味、包括藏书者姓名在内的图案。刻出图形和文字的不同材料就叫版。根据国际藏书票联盟1993年3月公布的藏书票记号，印刷版可分为凸版、凹版、平版、孔版及其他版等五大版种，共有31种版的形式。

藏书票与版画关系密切，就形式和创作手法而言，它们一脉相承，可以说是母女关系。藏书票与版画最根本的差别是尺寸。藏书票有尺寸限制，一般不能大过书籍。而版画没有尺寸限制，大则可以数米长，小则也可以像藏书票这么小。有些藏书票就是版画变化而来的，有些藏书票是版画的缩小。

有些小版画加上藏书票的标记Ex Libris，或加上“XX藏书”的字样，就成为藏书票了；而有些较大幅的藏书票去掉藏书票的标记，就成为小版画了。所以藏书票与小版画最明显的差别是看它是否有藏书票的标记。

2.藏书票与版画的关系

版画是藏书票的载体，藏书票从15世纪诞生以来，就和版画结下不解之缘，所以它和版画具有许多相同的特点。

但是，藏书票主要是用在藏书上的一种标记，如果脱离了藏书的要求，它便没有存在的意义。因此，在藏书票的内容上，很多是和读书或藏书有关，不论是在形象上还是文字上，艺术家通常要考虑到书和藏的因素进行构思。如果是为别人创作的，往往按照藏书者所提出的主题进行创作。

所以，藏书票的创作过程从一开始就与一般的版画创作不一样。版画是一种供单纯欣赏的艺术形式，不考虑藏书的因素，这两者之间完全是不同的艺术类型，不能混为一谈。

藏书票是藏书者的印记，也是书籍的装饰品。小型版画虽然可以变成藏书票，但是藏书票并不限于采用版画的形式制作。把藏书票作为一种独立的艺术品来欣赏，甚至有收藏爱好者收集和收藏它，作为收藏品只是派生的效果，不是藏书票本身的意义。

作为版画的藏书票，制作方法很多，常采用木刻、石版、铜版、纸版和丝网孔版等，以油印、水印、拓彩的方法制作。在我国，藏书票的色彩较西方丰富，多数为套色。

3.藏书票的版别

藏书票的载体主要是版画。所以，有多少种版画类别，就有多少种版画藏书票。正如李桦先生所说："现代的藏书票多用版画，且以自刻自印者为尚，故多由版画家刻制，尤其是彩色木刻最合适。”

提起“版画”，一般人便想到木刻：用刀将画刻在木板上，然后滚上油墨（油印木刻）或刷上水色（水印木刻）拓印。其实“版画”的概念要大得多，除了木版画以外，还有石版画、铜版画、纸版画等，近些年来又出现了吹塑纸版画、塑料版画、泥版画等等。

根据国际藏书票联盟1993年3月公布的藏书票记号，印刷版可分为凸版、凹版、平版、孔版及其他版等五大版种，几乎可以说无论哪一件藏书票或版画作品，其制版印刷方式大都离不开这五大版种。

以下即针对此五大版种的制版印刷原理作一介绍。

（1）凸版

所谓凸版，它运用的就是最基本的印刷原则，也就是将要保留的线条或图形以外的部分，透过雕刻、腐蚀等方式使之低陷，如此以滚筒刷印油墨的时候，低陷处将不会沾印到油墨，印于纸张时就可以完整地表现出版面上的图像了。

由于油墨在印刷过程中会因压力而向边缘处流动，因此凸版印刷物，其印刷图案的边缘往往会有一条稍稍凸起的细线，此乃凸版印刷品的特色。

中国的印章及书法碑帖，甚至是毕昇发明的活字印刷术，其原理即同于凸版。

凸版主要采用木刻、石刻、金属刻等版材制版，现代凸版类还包括石膏版藏书票、塑料版藏书票（日本及中国台湾地区叫橡胶版）等。当代还有纸版，纸版的创作方法分为以下几种：1.纸版水印藏书票创作。2.单色油印纸版画藏书票创作。3.色彩粉印纸版画藏书票创作。4.实物版藏书票创作。5.吹塑纸版画藏

■ 《运动系列之一》刘晓东作 木版套色

■ 《运动系列之二》刘晓东作 木版套色

书票创作（日本及我国台湾地区叫珍珠版）。从色彩看，纸版分单色和彩色版画两种；从颜料看，纸版分油印和粉印两种。

水印纸版画藏书票制作工具材料有：复写纸，拓包，喷壶一个，剪子一把，调色盒，羊毫笔大、小两支，狼毫笔小的一支，水粉色或水彩色，硬纸版数张（150克以上的纸），印纸，铅笔，乳白胶一瓶，笔洗等。

水印纸版画藏书票制作过程：1.画稿。2.分版，用拷贝纸描出整个画面。3.制版，用复写纸将画稿转写到底版上。4.分好的版分别将部分形象剪下，用乳胶贴在另一张底版上。5.把事先准备好的过滤纸打湿。6.打湿好的纸放在剪好的纸版上，用夹子固定好。7.掀起涂色。注意要先涂淡色，再涂深色。颜色可水彩，也可水粉，根据画面需要而定。

（2）凹版

所谓凹版，可分为直接制版与间接制版。

直接制版是运用极细极锐利的制版工具如针锥笔等，将图形刻画于版面上；间接制版是以腐蚀法的方式先涂布防腐蚀液，再行刻画图样，而后置于硝酸液中腐蚀，因此它的线条浓郁有致。

印刷时先将油墨滚入凹槽或低陷处，抹去版面上多余的油墨之后，用着墨力强的纸张，透过强大压力将凹槽内的油墨尽数吸收上来，然后将纸张揭起，一张凹版藏书票即告完成。

而由于凹版印刷品所呈现的印刷结果即是原本在凹槽内的油墨印在纸材上，因此若以手指头轻触画面，可以感觉到油墨的浮凸，此乃凹版藏书票的特色。

目前一般国家所使用的钞票不易被伪造，大多即是运用凹版原理印制的，因为凹版非常不易仿制。

凹版类藏书票创作类别主要有：1.纸版漏印藏书票，也叫孔版画，采用漏印重叠的方法。2.透明投影片藏书票。

凹版藏书票还包括铜版画等。

凹版（漏印版）藏书票制作工具材料需要：复写纸、硬纸版、海绵数块（方形的为好）、刻刀一把、调色盘、水粉色、笔洗、铅笔、小夹子两个、水粉纸一张、剪子、印纸等。

凹版（漏印版）藏书票的制作过程：1.用略微硬一点的纸铅笔画稿。2.分版。3.用手工刀刻版。4.印刷。先印轻颜色，后印重颜色。重颜色称为主版，主版印上去后一般会出效果，轻颜色称为副版。用色最好用浓缩颜色，印出的画显得厚重。凹版（漏印版）藏书票的制作要特别注意先印轻色或淡色，后印重色或深色。

（3）平版

平版的制版，一般可分为石版或手工铝版等，制版过程可以直接手绘于版材上，亦可以黑稿（即绘有黑色不透光图形的塑料片）置于加工过的平版印刷用版（如PS版、手工铝版等等）上方，经由感光及水洗显像等过程，附着于版面上的感光剂会因为受到曝光而被去除，露出底下的版材（肉眼无法看出），这时制版就算完成。

接着，再以油水分离法让油墨与水分借其本身性质相斥的原理来进行印刷。由于平版印刷可以原模原样地印出黑稿上的图形，因此现今市面上如报纸、杂志等绝大多数的印刷品采用此版来印刷，它又快又好的效果也确实使印刷术有了很大的变革。

混合技法也属于平版。

（4）孔版

孔版又称为网版，它是用一个木框钉上绢布，再涂以感光乳胶，同平版制版方式，将黑稿置于绢版上加以感光，使感光乳胶因曝光而聚合封住绢网上的孔隙。至于受到黑稿遮盖的部分乳胶则无法受光，用水冲洗掉这些部分后，即可开始印刷了。

网版印刷是用一种橡皮刮刀，在网版置于纸材上之后，将绢印用墨以刮刀呈同一方向刮过，有感光乳胶遮盖处不会被印出来，而没有遮盖的地方颜料就会从网目孔隙中被刮下，这就是孔版印刷原理。

（5）并用版

在从事藏书票或版画创作时，为了画面需要，有时会采用两种以上的版种来表现，这就是所谓的并用版。如：先以孔版印大面积的底色，待风干后再以凸版将图形套印于之前的底色上面，这样就会有并用版的双色效果。

（6）电脑版

近年来由于计算机科技的进步，也衍生了运用计算机绘图制作出来的CAD版（Computer-Aided-Design）作品。电脑版藏书票是利用电脑制作、利用打印机打印的藏书票，这是科技技术进步的产物。

有人认为，电脑藏书票完全摒弃了手绘、制版、印刷这些消耗精力的事，这正是现代人的一种懒惰。以前，版画家们为了一幅作品冥思苦想几天几夜、刻版几天几夜，甚至几个月才能创作出一幅版画作品，现在计算机则可以一挥

■ 《少林拳》丘德镜1997年作 凸版

而就了，而版画的神韵全失。所以，电脑书票是对藏书票收藏价值的挑战和破坏，因为电脑书票可以无限量地印制，和印刷品无异，完全失去了原作的韵味和神采，只有观赏价值，没有收藏价值；或有设计价值，而没有原作价值；或有艺术价值，而没有投资价值。

然而，又有一些艺术家喜欢创作电脑书票，同时还有一些收藏爱好者对电脑藏书票感到新奇，使得电脑藏书票也有一定市场。

与传统藏书票相比，电脑藏书票快速、方便、准确、精细，虽然缺乏版画的印痕美感，但它丰富的色彩、细腻的层次、变幻莫测的效果，一定程度上使得传统藏书票相形见绌。

不可否认，电脑藏书票在国外也流行，并根据国际书票联盟(FISAE)的代号标准，它的代号为CAD。尽管如此，很多藏家仍认为手工刻制的原作才是藏书票生命的根本，有追求的艺术家应尽量避免电脑藏书票的创作，收藏者要对电脑藏书票有清醒的认识，维护藏书票艺术的真谛。

当然，近年还是出现了很多艺术价值颇高的电脑藏书票，最起码，它有设计之功，而一幅艺术品的核心竞争力正是设计，所以，对于这些有创新的优秀电脑藏书票，作为收藏也未尝不可。到底未来藏书票艺术界和收藏界如何评价电脑藏书票，尚待历史检验。

九、藏书票的版

藏书票除了凸版、凹版、平版、孔版、并用版及电脑版这六种版别技法分类，更常见的还有一种传统分类，是按照“版”的材料分类，主要有木刻版、铜版、石版、丝网版等，而各种类别中又有若干种细枝末节的分类。这种传统分类其实和上述凸版、凹版、平版、孔版等分类大同小异，往往是同一品种的不同称呼，或更细化的分类。

但对大多数版画爱好者而言，这是中国约定俗成的一种分类法。这里，藏书票分类收藏主要是指按照“版”的材料分类。

下面，我们根据常见的版的品种，择其要逐一介绍。

1.黑白木刻

木刻是在木板上刻画印制的一种技法，是藏书票最基本的、使用最多的版画技法。

黑白木刻是中国版画中最古老、最原始、最常用的版画技法，也称为单色木刻。现在世界所公认最早的一幅木刻版画是唐懿宗咸通九年(868年)的《祇树给孤独园》（亦名《说法图》《只树孤独图》等）。该画已相当成熟，因此，估计版画出现的时间可能更早。

中国最早的木刻版画都是作为书籍的插图，至明代万历年间达到了高峰。以后，为木版年画所取代。在近代金属制版和新的印制技术出现以后，木版年画才随之衰落。

黑白木刻有木面木刻和木口木刻之分。木面木刻采用木材的纵断面，纤维较粗；木口木刻采用木材的横断面，纤维较细。故而木口木刻画面较为精致细腻，木面木刻画面较为粗放。现在中国版画家多采用木面木刻，西方版画采用木口木刻居多。

黑白木刻是最基本、制作工艺程序最简单的木刻。要完成一张黑白木刻藏书票，要经过设计样稿、上版、刻制、打样、修改、拓印等工序。

2.套色木刻

套色木刻藏书票是用两块以上的木版套印出来的彩色藏书票。

套色木刻包括油印套色木刻、水印套色木刻、绝版套色木刻等。

套色木刻有三种形式：有骨套色法、色块套色法和混合套色法。

套色木刻打破了黑白木刻的单调，增加了色彩，使藏书票的表现力更加丰富。

3.水印木刻

水印木刻是采用水墨和水质颜料拓印的一种木刻藏书票。

水印木刻是一种古老的技法，在明清时期就已成熟，即使是现在，很多版画艺术家也喜欢采用水印木刻，北京荣宝斋仍然采用传统的水印木刻法复制中国画。现在我们制作藏书票和版画时采用的水印木刻技法，已经不同于古代。

水印木刻有单色，也有套色。水印木刻吸收了中国画的一些技法，通过刻印产生滋润、简洁、明快的艺术效果，大大提升了藏书票的艺术魅力和表现力。

水印套色木刻藏书票不仅是藏书票中工艺最为复杂的，也是藏书票的最高境界。根据笔者的经验和兴趣，在各种技法的藏书票中，笔者最喜欢的是水印套色木刻藏书票，并且始终认为它是最具有收藏价值的品种。

4.上色木刻

上色木刻又称为笔彩木刻，它是制作完成一幅单色木刻藏书票后，根据需

■ 《国图藏书》刘硕海作 孔版

■ 《方军读书》方军1999年作 电脑版

要在上面用画笔涂上颜料。采用的颜料以透明的水色、水彩色为佳。

上色木刻主要是以黑白木刻为基本，使黑白藏书票变成彩色藏书票。也有套色木刻再上色的。

5.铜版

铜版画也叫作腐蚀版画或蚀刻版画，它是在金属版上用酸溶液腐蚀版面，或直接用针或刀刻制的一种版画，属于凹版版画。

铜版画产生于15世纪欧洲文艺复兴时期，丢勒、伦勃朗、惠尔特、戈雅、毕加索等名家都是铜版画高手，约在清乾隆年间由传教士传入我国宫廷王室，直到20世纪30年代，在鲁迅、徐悲鸿的介绍下，逐渐流行于版画界。

铜版画制作有如下程序：画家用铜板作为母版，上面涂以蜡等隔离层，用针笔刻画，然后放在酸中腐蚀，刻掉的部分和凹下去的部分留有油墨，再将母版放在木制压力机上，放上羊皮纸加压，这样印出来的即是铜版画。

现今铜版画已经不是过去的铜版画。它是将画面通过电脑设备扫描，制成版块，然后毫无偏差地用激光蚀刻在铜版上，经过高热和化学处理，再通过拉丝、水洗、磨光、上漆、上光、抽空、照光等十几道工序制作而成。

铜版画藏书票镶以各种画框，显得十分精美并有品味，具有独特的艺术效果。

6.石版

石版画是采用特制的药墨，把画稿绘制在特制的石版上制作的。

一些采用此技术在锌皮和铝皮上制作的版画也叫石版画。

石版印刷术是德国人偶然发明的，这里还有一个小故事。

1796年的一天，一个德国人担心放在印刷所送往洗衣店的件数有误，便在室内石版壁上用油墨写下衣服的件数。过后，他用酸清洗墙壁，不料起了腐蚀作用。从而，他获得启发，经过研究，发明了石版印刷术。

19世纪，欧洲版画家开始采用石版进行艺术创作。1876年，石版画作为一种印刷术传入我国。中华人民共和国成立后，石版画才作为一个版画品种在中国版画家中得到普及。而石版画藏书票在这种普及中成了最具有传播力的载体。

7.丝网版

丝网版是孔版印刷的藏书票，它完全不同于木版、铜版、平版、凸版、凹版印刷，直接将油墨转移至承印物上的方式，而孔版是油墨经过刮刀的压力强迫油墨从丝网的极微小的孔洞中漏到印刷面上，或纸张或其他材料。

丝网版画出现后成为版画家族中的奇葩。“石版画”“铜版画”“丝网版画”被人称为“三版”，已成为世界版画的主流。国内每隔几年都要举办专门的“三版展”。

丝网版画引进中国时间不长，1981年4月，三位中国著名的版画家：李桦（曾任中央美院版画系研究生班教学主任）、胡一川（广州美院版画系首任系主任）、李习勤（西安美院教授、陕西省版画艺术委员会主任）组成艺术教育访英代表团访问英国。

此次参观考察英国的美术教育，这对李桦下决心建立丝网版画工作室起了很大促进作用。1981年，由李桦等老一辈版画家发起举行全国首届铜版画、石版画、丝网版画（三版）展览。

1984年10月，第二届全国“三版展”在杭州举行，并筹建了“三版研究会”。

1985年，中央美院版画系正式建立丝网工作室。至此丝网版画在全国蓬勃发展起来。

丝网版画色彩丰富，可浓可淡，善于渐变，装饰味极浓，很符合现代人的欣赏口味。而且，作为艺术创作的丝网版画原作，手工限量印制（一般只能印几十幅），具有保值、增值的较大潜力，因而又成为现代人居室装饰和收藏之艺术佳品。

丝网版画印刷用网是一种尼龙网，一般100—150目就可以用了，太细的网对油墨要求很高。

丝网版画有其自身的特点，它借助现代印刷、光电科技的发展而产生并完善。它是凭借“丝网”这个媒介而将画转印在纸上的。

丝网版画制作基本程序是：首先要制作制版用的基面，包含有两个层面，上面一层含有黏性物质，遇水（或其他）可化。下面一层是作为上一层保护层，等上面一层刻制完成、转粘到丝网上之后，是要把它去掉的。

再设计彩稿、稿子上的套印线，把丝网绑到木框上，利用刻、画、复印、照相等手段，将图像留在透明纸或胶片上，再将其置于灯箱上，并将涂过感光胶的网框压在上面，然后开灯感光。

刻的工艺类同于刻纸。要刻的面是涂有胶水的一面，但不能刻穿透，这就是为什么要有一张纸基的原因。待完成后就可以粘到丝网上，把制作好的画稿

■ 《云志之书》杨金生2001年作

■ 《张天藏书》甘畅2006年作

平放在玻璃板上，把绑好的网框放在上面，要慢慢地用湿布把画稿透过丝网一边溶解一边增加压力，让画稿与丝网黏合，还要注意把多余的水分及时吸干，最后把基纸去掉。

同时要仔细检查几遍，用胶水和着白颜料或用胶带纸把应该封闭的全部封闭，局部地方该修正要仔细修正，细小地方可以用大头针修。

流程中别忘了套色标志。应该有三个套色标志，一个在上面或下面，另两个在左面和右面，全部检查无误后，才可以印刷。

经过感光的丝网要在水池冲洗，这样便将能通透的图像留在丝网上，制版过程便完成了，接下来便可用丝网油墨刮印。制一次版一般只能印一种颜色，所以一幅画要多次套印才能完成。

丝网版画的感光材料有一定毒性，操作者要谨慎作画，以免对皮肤、眼睛、肝脏产生损害。

印刷丝网版画时不能用水性油墨，而应采用普通油漆加上颜色粉，按需要的颜色调制，套印第二色的时候，需等到第一次的颜色自然干了，马上套印第二色。

如果还要套印第三色、第四色，可以在印刷前一色的时候加一丁点儿干燥剂，以保证连续印刷。

印刷到一定数量后，油漆会太黏了，很难刮印，且又会堵塞网眼，这时可以加一些松节油或干燥速度较慢的其他油类，调和一下即可。

丝网版藏书票套色效果应该尽可能追求单纯、简洁、明快，套印的颜色数越少越简单。藏书票因为小，色彩就不能多，色彩太多就会显得混乱。此外，

■ 《胡志伟藏书》刘继德1997年作

■ 《洪凯藏书》洪凯2011年作

丝网印刷的颜色有一定的厚度，如果套印的颜色太多，印痕的多次重叠会使这种印痕显得凌乱，印痕的美感就会受到破坏。所以，一般丝网版以二三色为宜，不要超过四色，太多则滥。

水印木版画有一种木纹的美，而丝网印刷另有一种美，这就是带有丝印印痕厚实的，又有着相当沉着的色泽效果，这是其他画种所没有的。

8.纸版

纸版画藏书票是在纸上刻画印制的一种藏书票。

纸版画在国外十分普及，在我国，20世纪90年代才开始在版画家和中小学美术教育中广泛应用。

纸版画材料成本低，制作便捷，表现力丰富，手法多样，制作藏书票有独到的趣味和美感。

中国纸版画藏书票艺术家中，赵奎礼创造的纸版彩镂技法制作的藏书票别具特色。其中有一套渔童藏书票，全套24张，洋洋大观，皆不雷同，将渔童与鱼的各种关系、形状表现得活灵活现。这套藏书票一气呵成、情感饱满、用色协调、鲜艳夺目、纸版彩镂技法应用达到炉火纯青的境界。

9.吹塑纸版

吹塑纸版藏书票，即在吹塑纸上通过刻画印制出来的藏书票。

吹塑纸是一种装潢材料，有白、红、蓝、黄、棕、灰等多种颜色，质地松软，光泽亮丽。市场上的吹塑纸有单层和双层两种，制作藏书票以双层为佳。

■ 《流沙三》郭嘉奇2016年作

吹塑纸制作的藏书票有独特的韵味。

10.剪纸版

剪纸藏书票是将民间剪纸艺术应用于藏书票创作的一种技法，是中国独有的一种新兴的藏书票制作技法，它也是中国传统艺术样式和西方艺术手法相结合的一种产物。

剪纸藏书票以其浓郁的民族风格和民族气派，以受众喜闻乐见的艺术形式，丰富了藏书票的表现手法。它朴实、精炼、简洁、明快，有独到的艺术魅力。

由于剪纸藏书票是手工制作，不可重复拓印多幅，目前尚未被国际藏书票界承认。

有些纸版藏书票其实运用了剪纸的手法，并具有剪纸艺术的效果，也应当成剪纸藏书票看待。

11.石刻版

石刻藏书票是利用中国传统的篆刻手法，在小石头上雕刻图案文字印制的藏书票。

石刻藏书票用篆刻刀在石头上雕刻，崩裂出线条图形，断断续续，斑驳陆离，从而产生苍劲、浑厚的艺术效果。这种美被称为金石美。

所以，石刻藏书票有一种独到的艺术特色。

石刻藏书票在刻制手法上和篆刻一样，因此有篆刻基础的人创作石刻藏书票更是轻车熟路。如邵天华的石刻藏书票风格苍劲古朴，有浓郁的徐州汉画像石神韵。其《八仙》四张，《古人读书图》三张，皆以石刻为主，多采用青田石、寿山石，有一种迸裂斑驳的效果。

此外，北京的王金旭、上海的王嵘、江苏的顾锡田、贵阳的龙开朗等几位藏书票艺术家的石刻藏书票，也具有深厚的艺术功底。

12.蜡染版

蜡染版藏书票是借鉴贵州蜡染艺术制作技法，利用民间蜡染的水纹与国画的色彩和韵味，互相结合，形成小型蜡染的一种藏书票。

蜡染藏书票是中国藏书票的独特创造，利用蜡封或折叠的方法，使织物浸染时不易上色，产生空白而形成花纹。

蜡染书票的制作工艺复杂，它起稿于裁好的布上，上色，待色干后用小蜡刀将溶化的蜡液在正反两面作画，放到染液中浸染一天，捞出洗净、吹干，用电熨斗熨烫脱蜡，修整裱好，才算完成。

每张蜡染藏书票产生的冰纹皆不相同，有不同的韵味和风格，因此蜡染书票有独特的魅力。现在我国创作蜡染藏书票的只有贵州少数几位艺术家。

贵州师范大学中文系的张以珉是蜡染藏书票的探索者，最初蜡染似乎成了张以珉的专利，后来又有几位艺术家尝试蜡染藏书票的创作，但蜡染藏书票的制作者至今较少。

13.塑胶版

塑胶版藏书票是在塑料片和胶版上刻画图案制作的藏书票。

随着社会的发展，新的物资不断出现，一些别出心裁的艺术家采用塑胶版刻印版画和藏书票，有的藏书票艺术家甚至用地板胶制作藏书票。

比起传统的石刻、铜版、木刻等技法，在塑胶和地板胶上刻制藏书票更加容易把握刀法，刻印也更加方便，而印制出来的效果则是前所未有的。

杨忠义的塑胶版藏书票纤细入微，地板胶版则是侯秀婷的发明创造，独具风格。

14.油印版

油印藏书票是利用油印机技术，在蜡纸上刻画图案，在油印机上印刷出来的藏书票。

20世纪80年代前，在没有电脑的时代，中国盛行油印机，即使是现在，一些偏僻农村和内地乡村还在使用油印机。

油印藏书票因可以大量印刷，少则100张，多则数百张，因而降低了它的收藏价值。但有些印数较少的油印彩笔藏书票，也有一定的收藏价值。

15.复写版

复写版顾名思义是用复写纸通过复写描绘而成。复写版因受复写力度和材料所限制，印制量极少，每次复写最多不能超过10张，因印量少而有一定收藏价值。

一些设计制作精美的复写藏书票，往往通过上彩而更加漂亮。如刘继鹏的复印手绘上彩藏书票，有独到的魅力。

复写版只是笔者根据收藏品而命名的一个藏书票版别，而且，刘继鹏将他

■ 《永寿藏书》赵奎礼2003年作

■ 《奎礼藏书》赵奎礼1999年作

的藏书票称为平版。所以，复写版这一称谓是否准确，尚待探讨和论证。

16.砖刻版

砖刻藏书票是在砖头上刻版印制的藏书票。

砖刻是利用中国传统的石刻艺术在砖头上刻画的一种艺术手段，深圳美术家协会主席骆文冠就曾在砖头上刻制《水浒108将》，刻了100多块，可谓创了中国砖刻成套版画的数量之最。

砖刻藏书票因版面粗糙、颗粒大，具有粗犷豪迈的鲜明特点。

砖刻藏书票因材料的难度，使用这种技法的艺术家较少。

周志清的砖刻藏书票采取夸张、变形的现代表现手法，与传统技法相结合，既古典又现代。而部队艺术家王金旭的砖刻藏书票《金旭藏书》，表现的是屈原《山鬼》这一古典诗歌题材，既具象又抽象，圆形构图有古代瓦当韵味，耐人寻味。

看得出来，王金旭的砖刻藏书票突破了砖版粗糙的不足，其精细居然比木版和铜版毫不逊色。然而，砖版独特的粗犷风格要不要保留？这两张砖刻藏书票属于探索性作品。

17.拓印

拓印藏书票是藏书票艺术家借鉴拓印碑刻的手法，制作的藏书票。

拓印藏书票的版材多种多样，可以是木版，也可以是石版、纸版、塑料版等。其实拓印藏书票和木刻藏书票的制作技法差不多，也是在木板上刻画出图

■ 《老十藏书》侯金利1998年作

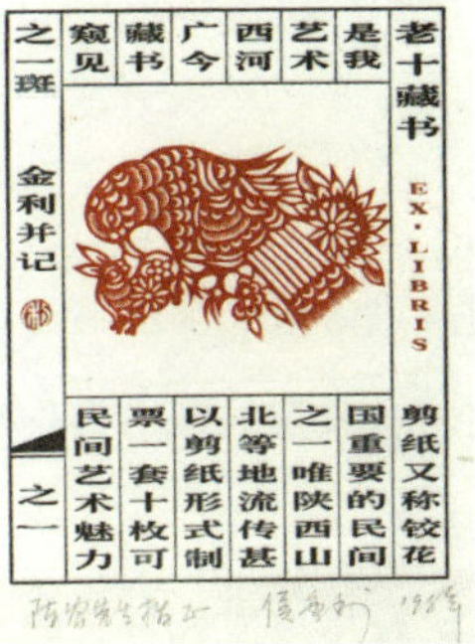

■ 《锡田藏书》顾锡田1998年作

案，只不过印制方法不同。

拓印藏书票比木刻藏书票更为简单，还可以制作出浮雕感的效果，因此成为一些藏书票艺术家乐于尝试的技法。

18.照相版

本来，在国际藏书票联盟规定的五大类藏书票版式中，有一种是专门的照相版，照相版共分为八种。在笔者收藏的藏书票中有几张是照片，这里选用的一张是照相版中的第八种照相版。

笔者对照相版不感兴趣，因照相是现代科技的产物，将手工版刻的版画原味消解，而且能以底片轻易在照相馆大量印制，而收藏应是物以稀为贵，限量才有收藏价值，故而笔者认为照相版收藏价值不高。

《玉磊藏书》这张藏书票似乎是木刻版制作的藏书票，然后再照相。也可称为混合版。木刻原作有收藏价值，照相版则审美价值大于收藏价值。

还有一些藏书票的版别品种，不一一介绍。总之，在这个求变求新、日新月异的时代，艺术也以空前的速度与时俱进，还有很多不同材料、不同技法的藏书票将不断推陈出新，不足为奇。

十、收藏票的收藏价值和未来

1.藏书票的收藏价值

藏书票是养在深闺人未识的收藏品，富有很高的收藏价值。具体而言，藏

■ 《荷花》张以珉 2000年作

书票的收藏价值表现在以下几个方面：

（1）作为“版画珍珠”散发出隽永的艺术魅力

它小小的尺幅要求艺术家必须在有限的画面上表现丰富的内容，是一幅画精华的浓缩。因此具有很高的艺术价值。

（2）限量印制

藏书票是独立的艺术品，它不仅完全是版画家专门设计制作，并亲手印制的版面原作，而且有限定的印数。

在藏书票左下方，藏书票艺术家在贴近画面处依次签有版式、总印数及本张票的序号。如《周志清藏书》总印数和序号标为“32 / 60”，即总印数是60张，这是第32张。同时，在藏书票的右下方有作者的亲笔签名“周志清”，版式为“砖刻拓片”，创作年代为“2000”年。

还有洪凯创作的《窗花》，总印数和序号标为“112 / 120”，即总印数是120张，这是第112张，版式为“X4”代表是铅凸版，“7X12”代表画幅尺寸，作者的亲笔签名为“洪凯”，创作年代为“2016”年。

由于是画家手工操作，藏书票一般只印10张到100张，多则200张或以上，也有印300张或以上的，但极少见。如果藏书票的印数太多，版就模糊不清了，有些版如纸版，往往只能印10张就毁损了。限量并极少的印数决定了藏书票的收藏价值所在。

（3）包罗万象

藏书票包容的知识面广，内容丰富，涉及的领域宽。上有天文地理、中外历史，下有风景名胜、动物植物等等，即使是一个小小的景物或动作，都有丰

■ 《刘沙藏》刘继鹏2000年作

富的蕴涵。

如朱燕的《佛手》，手持鲜花令人想到“拈花一笑”这个成语，不仅画面的选取有出处源头，而且如何“拈花”，用哪两根手指，动作也有讲究。这就需要佛教知识。同时，从审美鉴赏的角度欣赏，我们可以感受到这张书票有深山藏古寺的意趣。我们并没有看到佛“一笑”的面容全貌，但通过“拈花”的手指，我们仿佛已经清晰地看到，这张藏书票给读者留下了广阔的想象空间，又有美学知识和艺术知识。

可见，收藏藏书票可积累文化知识，培养雅趣，同时藏书票广泛的题材领域，也给收藏者以广阔的选择余地和收藏投资方向。

（4）易于收藏

藏书票因其票幅小，收藏的成本较小，易于收集，易于保存，因此越来越多的收藏爱好者视之为收藏珍品。

（5）潜力巨大

由于目前了解藏书票的人不多，我国藏书票的收藏刚刚起步，尚未形成大众收藏的热点，国内虽已有藏书票市场，但尚未成熟，因此尚属于收藏冷门，加上中国的藏书票艺术家还没有完全确立藏书票艺术品价值观，现阶段收集中国藏书票是一个难逢的机会。

藏书票的收藏和投资意识的萌发，除了收藏者的热情，还有一些机构的操作。1999年国家图书馆发行了《历代皇家藏书印鉴》及《甲骨文发现百年纪念专辑·珍藏版·原票集》，为了支持北京申奥，弘扬奥林匹克精神，该馆于2001年6月下旬发行了中国国家图书馆系列藏书票第三期——《中华体育文化珍

■ 《周志清藏书》周志清2000年作

■ 《窗花》洪凯2016年作

藏集》。他们在宣传广告中称："全套书票品位高雅，制作精湛，具有极高的收藏价值和丰厚的增值回报前景。"

收藏藏书票如同收藏邮票一样，简便易行。因为藏书票尺寸一般在七平方厘米左右，收藏整理并不需要很多时间。通过收藏不同门类和不同题材的藏书票，人们在增长知识和陶冶情操之余，可得到心灵上的超脱，同时也可收到投资增值的效果。

2.藏书票的未来

藏书票在中国的未来发展前景广阔，作为"舶来品"，我国藏书票创作和收藏才刚刚起步，走进大众生活尚待时日。然而，藏书票在中国的发展已呈现燎原之势，越来越多的爱好者走进藏书票收藏队伍；越来越多的画家、美院学生开始藏书票创作；藏书票活动、展览、比赛评奖、课题研究和媒体传播越来越丰富多彩。

藏书票作为图书的一种衍生产品，其发展与社会的发展、文化的进步、艺术的个人偏好以及制作技术等息息相关，目前我们正处于一个全新的时代，随着数字出版和互联网的普及，图书的出版形式也在发生变化，藏书票何去何从，藏书票的未来前景如何，是诸多藏书票艺术家和收藏家关心的问题。

尽管全球纸媒前景堪忧，每况愈下，但笔者相信，纸质图书将伴随人类永远不会消失，即使科技可以将一粒百科全书微芯植入人脑，不读书也可皆知天下事，也仍会有人需要纸质图书手感触觉，享受纸质图书的美感视觉；同时，收藏是人类的天性，纸质图书仅仅作为收藏品也不会消失。有纸质书的存在，藏书票就不会消失。

■ 《玉磊藏书》玉磊1999年作

■ 《金章藏书》金章作

作为一种日渐深入人心的艺术品，藏书票已成为一种独立的收藏品，其收藏群体正日益扩大。

藏书票是艺术品，散发书香，充满诗情画意。愿“中国当代藏书票"丛书让初识藏书票的读者窥得门径，让更多藏书票爱好者和收藏者，通过这套书认识并喜爱上藏书票，在阅读中发现藏书票艺术浓缩而微妙的魅力。

■ 《不能忘却的纪念》陆放作

■ 《纪念“五四”运动八十周年》孙玉洁作

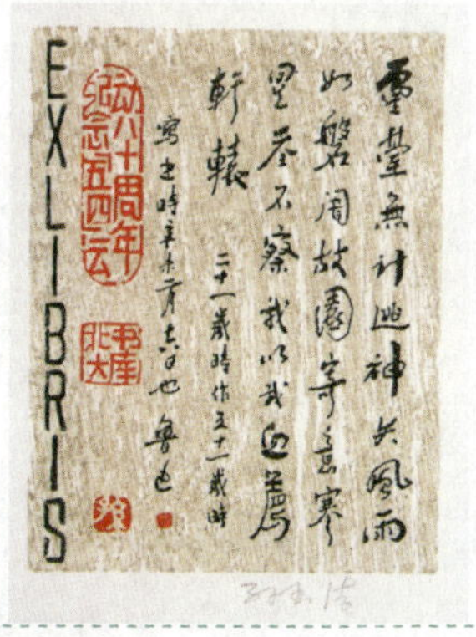

EXLIBRIS
EXLIBRIS
EXLIBRIS
EXLIBRI
EXLIBRIS
EXLIBRIS

“日长睡起无情思，闲看儿童捉柳花。”杨万里的《闲居初夏午睡起》，用平白如话的文字，描绘出了儿童生活中最典型的画面。确实，画家喜欢画儿童，人们也喜欢看儿童画，自古就有五子夺魁、麒麟送子、莲年有鱼、莲生贵子、莲灯太师及欢乐图、百子图等胖娃娃年画流行于世，代代相传。

这些儿童年画成为中华民族最清新、最鲜活的文化符号之一，成为传统吉祥图的重要组成部分，其中五子娃娃、三元娃娃、莲花娃娃、抱鱼娃娃、麒麟娃娃、喜娃、寿娃、财娃、福娃等，令人目不暇接，成为我们每一个人心灵深处的童年记忆。正是在这些源远流长的传统娃娃图基础上，当代藏书票艺术家们创作了无数呈现晶莹童心的儿童题材藏书票。

李平凡：肩并肩三儿童

戴棉帽（或线织帽），穿棉袄，围围巾，三个北方儿童并肩站立，勃勃有生气。《喜迎21世纪》是李平凡为新世纪而作的一张藏书票。三个儿童的画面有多方面的意蕴，既表现了人类进入新世纪的喜悦，面向未来充满新的希望，又表现了人类需要团结友爱和谐相处的美好愿望。三个小孩虎虎有生气，是中国兴旺昌盛、正处于上升时期的生动写照，有新生和复兴的精神风貌，又体现了人类走向美好未来的信心。

黑白两色很好地表现了北方雪国的气候特征，儿童身上有规律的白色斑点，就像飘飘的雪花，给人以美的想象。

《弗闲斋藏书票馆珍藏》也是三个同样造型的儿童，构图和《喜迎21世纪》一样，但在细节上则有所变化，如帽子和围巾上的沙纹斑点没有了，代之以大块的黑色处理；裤子也从黑色变成白色，阴刻转变为阳刻；上衣粗细相间的错落的斑点也变成粗大的斑点。经过修改的这张藏书票，变得更加简洁和单纯。

李平凡喜好儿童题材，并有突出的个人风格。他的藏书票有明显的装饰风味，风格细腻而柔和，这可能与他曾长期旅居日本有关，其作品融汇了日本艺术的特色。

◆ 喜迎21世纪

李平凡2000年作

◆ 弗闲斋藏书票馆珍藏

李平凡作

段光辉：以书为伞

段光辉创作的《李平凡周燕丽藏书》，在人物神态上颇值得玩味。

一对低眉垂眼的男孩儿和女孩儿并肩而立，孩童的外貌下是老年的安详、恬静、淡泊，是绚丽归于平淡之境界。

就像李平凡和周燕丽这对老夫妻相依相伴的人生一样，即使到了白发苍苍的时候，他们仍然是孩童，因为他们都拥有一颗童心。

深蓝的纵纹底色，是这对老艺术家近一个世纪风雨人生的写照。他们以书为伞，以画笔为伞柄，这把伞为他们遮风挡雨，撑起了一片属于他们自己的爱的天空。

两人在藏书票艺术这把伞下，相濡以沫，相亲相爱，温馨而和谐。

◆ 李平凡周燕丽藏书

段光辉1998年作

1997年7月1日，段光辉创作了香港回归系列藏书票四张，以剪纸门笺的构图形式和表现手法，分别以“和平万岁”“祖国万岁”“珍惜和平”“举国庆贺”为题，多角度表现了香港回归这一主题。

《和平万岁》《祖国万岁》图中，通过儿童放飞和平鸽、母婴相拥等画面，表达了香港回到祖国怀抱的喜悦之情，红色更强化了喜庆色彩。

◆ 和平万岁

段光辉1997年作

◆ 祖国万岁

段光辉1997年作

傅华坤：恨书爱书藏书

不读书的小孩儿被罚跪，这是过去常见的情形。罚跪的小孩儿不恨跪，而恨书。爱由恨生，这张《恨书爱书藏书》藏书票具有情感的矛盾辩证。今日恨书的小孩儿，明日也许成为爱书的藏书家。

藏书票艺术家傅华坤的这张藏书票人物神态传神，在设计上别具匠心，一本打开的大书中置有一本打开的小书。打开的大书是空白的，“恨书爱书藏书”——可以视为这本没有文字的书的书名。童年是一张纯洁的白纸，人生之书需要经历来填写。恨书、爱书、藏书三部曲，代表了童年、少年和中青年的人生三部曲。通过这三个人生阶段对书的不同态度，揭示了书与人的三种关系。

低头垂眼的小孩儿是可爱的小孩儿。

◆ 恨书爱书藏书

傅华坤1996年作

张家瑞：泥娃娃

《苦乐居》这张藏书票是张家瑞在2018年创作的一张贺春藏书票。张家瑞喜欢民间美术和民俗文化，因此这张藏书票既有泥娃娃工艺特色，又有民间年画的韵味，富有浓郁的民族特色。

◆ 苦乐居

张家瑞2018年作

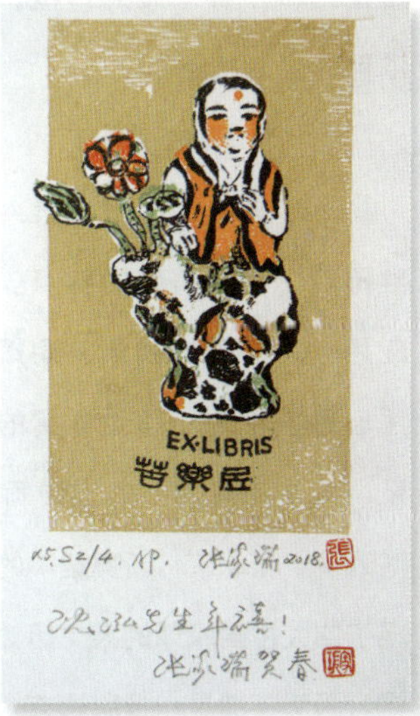

杨忠义：清雅线条下的少数民族儿童

杨忠义的藏书票很多取材于少数民族人物，这组儿童藏书票作品中的《维吾尔族女孩儿》《读书·爱书·求知·上进》表现的正是维吾尔族、藏族等少数民族儿童。他经常深入西藏等少数民族地区采风，行走于高原山涧、荒凉大漠之间，关注少数民族地区的风土人情。正是这种不畏艰险的气概，使他的作品生机盎然，富有浓郁的生活气息。

杨忠义的这组藏书票具有线条纤细、色彩柔和、一丝不苟、富有美感的特点。他将刀刻和针刻的技法结合应用，以清雅的线条、明媚的色彩呈现出儿童之美，如《心愿》中的小学生雪雪的美好形象，手持奥运会会徽及“祝申奥成功”的宣传画，清纯的双眸和美丽的形象，增添了“新北京　新奥运”的美好。画面上的背景长城，表现了伟大祖国深厚的人文历史正是“新北京　新奥运”的支撑。画面下部是一批版画艺术家的签名：李平凡、彦涵、陈雅丹、莫测、白逸如、蒋志林、赵志方等，他们也是藏书票艺术大师。这张小小的藏书票，既有清新刚健的积极主题，又富有时代精神，而这一切，通过花一样绽放的童年形象，使观者感知到美的气息扑面而来。

◆ 维吾尔族女孩儿

杨忠义2000年作

◆ 读书·爱书·求知·上进

杨忠义2000年作

◆ 心愿

杨忠义2001年作

◆ 童心

杨忠义1995年作

许英武：少数民族小姐妹

这张许英武作的藏书票采取阴刻和阳刻交错相融的手法，表现了一对少数民族小姐妹的形象。背景采用大块的黑色，人物采用白色间以简洁的线条，黑色背景凸显出站立的小姐妹的身姿和面容。

没有欢笑，只有凝重，但人物的表情仍以某种莫可名状的忧伤和凄寂动人心弦，令人过目难忘。

◆ 少数民族小姐妹

许英武2000年作

刘晓东：剪纸入画 余韵无穷

刘晓东创作的三张儿童读书藏书票，都表现了人与动物的画面。

《读有趣的书》刻画了一位手牵毛驴的读书郎，一边大踏步走路，一边津津有味地读书的场景，是什么样的书让他如此入迷？一定是一本有趣的书吧。

画面上部浓密的绿叶经过精雕细刻的处理，表现出了作者精湛的木刻技法。

《读好看的书》和《读有趣的书》一样，画面上都是读书儿童与毛驴，且行走的毛驴身上都驮着丰收的水果。不同的是，一个是儿童牵着毛驴走路读书，一个是儿童坐在毛驴身上读书。

毛驴背篓中满载丰收果实，亦是20世纪六七十年代扬州剪纸、佛山剪纸、南通剪纸中常见的经典画面，融入木刻藏书票，经过木刻技法的艺术提炼和再创作，别开生面，余韵无穷。

◆ 读有趣的书

刘晓东作

◆ 读好看的书

刘晓东2003年作

《牛背读书图》刻画一位牧童趴在牛背上，一边放牛，一边读书。天上两只飞鸟，地上两丛小草，牧童一手持书，一手持带绿叶的枝条，一派天人合一、人与自然和谐相处的画面，衬以绿色背景，呈现出生机盎然的景象。在如此美好的大自然中，牧童聚精会神痴迷于书，作者给我们创造出的画面，让我们感受到读书是一种美，也是一种享受。

《牛背读书图》借鉴了民间剪纸的表现手法进行再创作。牛身上的花纹和锯齿纹，是从剪纸移植到木刻藏书票上的，使画面变得活泼生动、雅俗共赏，表现了作者对民间美术和传统文化的挚爱。这幅作品入选了2004年在南阳举办的全国藏书票邀请展作品选集，并被编入画册。

这三张“儿童读书”系列藏书票都采用木刻技法，画面的焦点是读书的儿童。三个儿童有静有动，静者出神入化，动者动感十足，简练的线条，将人物情态刻画得活灵活现、呼之欲出。

◆ 牛背读书图

刘晓东作

北京的胡同里，毽子翻飞，车轮飞驰。两个儿童在踢毽子，一个儿童在骑车，一下子就将我们拉回到了无忧无虑玩耍的童年记忆中。这张《胡同里》藏书票色彩协调，淡蓝色是基调，衬托白的云、绿的树、黑的瓦、门上红红的福字，冷色调给人一种舒适的明亮感。

◆ 胡同里

刘晓东2009年作

《兰之书》是刘晓东藏书票中一张少见的水印加油印藏书票。这张藏书票构图十分简洁，以方形套圆形构图，圆形中是一个小女孩圆圆的脸庞。

以儿童的脸蛋为主要的构图是日本藏书票常见的风格，旅日多年的李平凡大师将这一构图特色带回中国，形成了他的藏书票特色。

同样是表现小女孩的脸蛋，但刘晓东的这张藏书票并不完全效仿日本藏书票或李平凡的藏书票，而是有自己的创造和自己的面貌。红、蓝、黑、紫四色的层次感，水印加油印形成的独特润泽效果，令人赏心悦目。

◆ 兰之书

刘晓东作

叶枝新：难忘童年的小河

“童年的回忆”可以有很多画面，但这幅在河水中捕鱼的画面更富有诗情画意。儿童手持淘米箩在河边淘鱼，清清河水中，五尾小鱼儿清晰可辨，其中一条已经游到箩里，而守候在河边的小猫似乎已馋坏了，迫不及待地想去吃。儿童捕鱼的专注，小猫的馋样儿，鱼儿的悠然无防，都刻画得栩栩如生。

叶枝新小时候生活在富饶的江南水乡，前门见山，后门是河。他家里有只猫，猫爱吃鱼，小小的叶枝新经常拿淘米箩到河里去捞小鱼和小虾给猫吃。他说，在他的记忆里，那清清的河水、活泼可爱的鱼虾，永远也不会忘记。

2005年，第十一届全国藏书票艺术展览在杭州举行，叶枝新在展览系列活动之后，约妹妹一起回到老家。叶枝新看到河水被污染了，再也看不到鱼和虾了，他感到很难受。直到2009年，叶枝新创作了这张藏书票，纪念他永远也不会忘记的场景。

◆ 童年的回忆

叶枝新2009年作

张克勤：撷趣典故

《牛角挂书》藏书票画面十分简单，牧童和牛头的特写占据画面的大部分，牧童的线条刻画粗拙而富有表现力，牛头的刀法组织繁复中见细腻。这张藏书票很好地体现了简与繁、密与疏、满与空、丰富与单纯的审美哲学。

牛的一角系着一书，典出《新唐书·李密传》："闻包恺在缑山，往从之。以蒲鞯乘牛，挂《汉书》一帙角上，行且读。"

《新唐书·李密传》中的这段文字记叙了一个勤奋读书的故事：李密听说缑山有一位名士包恺，前去向他求教。李密骑上一头牛出发了，牛背上铺着用蒲草编的垫子，牛角上挂着一部《汉书》。李密一边赶路一边读《汉书》，正巧越国公杨素骑着快马从后面赶上来，勒住马赞扬他："这么勤奋的书生真是少见！"李密一看是他在朝中当侍卫时就认识的越国公，赶紧从牛背上跳下来行礼。

李密不俗的谈吐深深吸引了杨素。回家以后，杨素对儿子杨玄感说："我看李密这个人的学识才能都在你兄弟之上，将来你们有事可以与他商量。"酷爱读书的李密后来果然成为瓦岗军首领。

成语"牛角挂书"，亦取意于此，表示读书非常勤奋，学习刻苦。这一素材用于这张藏书票上，用这样的图画表现，很是贴切。

◆ 牛角挂书

张克勤1996年作

蝴蝶和女孩，女孩是蝴蝶，蝴蝶也是女孩，都是美的精灵。古有庄周梦蝶，今有蝶化女孩，这可能是庄周梦蝶没有梦到过的蝴蝶的另一形象。

◆ 蝴蝶女孩（一）

张克勤1997年作

◆ 蝴蝶女孩（二）

张克勤2003年作

胸前围肚兜，颈上戴项圈，头上扎红花，两个小女孩，一个低眉，一个抬眼微笑，鸽子在手上飞。手上的鸽子，也是心中的鸽子。画面和平、祥和，充满童趣。

“鸽子女孩”系列藏书票创作于1995年，早于“蝴蝶女孩”系列藏书票的创作，两组藏书票的创作时间不同，但这两组藏书票的构图如出一辙，风格类似，可视为同一类型的藏书票。

蝴蝶不会与人相拥，鸽子也不会双双扑腾到人的手上，这两组藏书票立意充满想象，在表现手法上都吸取了民间美术的元素。

笔者还曾见过张克勤创作的另一张风格相同、画面不同的蝴蝶女孩藏书票，或许，张克勤这一系列藏书票还有更多尚待发现。

◆ 鸽子女孩（一）

张克勤1995年作

◆ 鸽子女孩（二）

张克勤1995年作

《朱淳良藏书》刻画一娃娃手举虎头，做舞狮状，造型是舞狮，但狮头上刻一“王”字，又分明是虎的标识。是狮是虎倒无关紧要，关键是具备中国传统元素。

从女童手举狮头上的世博会会徽图案和英文字母，就可以看出《忠明之书》是一张迎接2010年上海世博会的藏书票。《忠明之书》藏书票创作于2005年，那时距上海世博会还有五年，可以看出作为上海版画家的张克勤对这一在家乡举办的盛会的期待和自豪感。

这两张藏书票一如既往地保持了张克勤儿童藏书票的特色：民间美术造型，民俗文化色彩，欢快喜庆气息，纯朴清新韵味。

◆ 朱淳良藏书

张克勤2003年作

◆ 忠明之书

张克勤2005年作

欣赏张克勤的藏书票作品，往往会惊艳于色彩，他的藏书票色彩艳丽而不流俗，和谐而悦目。《张丹之藏书》为黑白藏书票，张克勤抛弃了他惯常熟练使用的色彩，但艺术上与彩色藏书票相比毫不逊色。单纯的线条显示出了张克勤铅笔素描和钢笔素描的深厚功底，凹版干刻技法张克勤应用得得心应手，表现了张克勤藏书票艺术精细的一面。

◆ 张丹之藏书

张克勤作

这两张以西藏女孩为题材的藏书票先以孔版技法雕印出人物的轮廓和文字，然后采取笔绘上色，使人物变得丰满，两个手持转经筒的藏族女孩，身着民族服装，清澈明亮的眼眸尤为传神。

◆ 德吉藏书

张克勤2018年作

◆ 强巴珍藏

张克勤2018年作

王维德：牧童之乐

王维德在2001年创作了一组关于牧童的系列藏书票，至少应有四张，笔者仅收藏了三张。这组牧童藏书票构图既简单又丰富，作者以牧童和牛为图的主体，将其置于广袤的大自然中，以飞鸟、太阳、远山、杨柳枝、青草为背景，色彩清新淡雅，构图讲究，人物和牛充满动感，是一套不可多得的以牧童为题材的藏书票。

◆ 浩浩的书（一）

王维德2001年作

◆ 浩浩的书（二）

王维德2001年作

◆ 浩浩爱书

王维德2001年作

张信让：娃娃抱鱼

《雪生藏书》是张信让的丝网版藏书票代表作之一，取材自民间年画《鱼吐金钱》。作者以纯熟的丝网版画技法表现了儿童与鱼，鱼嘴中吐出的钱币，突出了招财进宝的吉祥祝福。

娃娃抱鱼的经典构图，象征富裕多金、年年有余。古朴雅致的艺术韵味，表现了南粤渔村的古老风俗，大俗大雅，充满了吉庆祥和的寓意。

《阿玲藏书》这张藏书票画中刻画童子捧仙桃，表现了向寿星祝寿的美好祈愿。不料，张信让先生英年早逝，美好的愿景竟成绝唱。

◆ 雪生藏书

张信让1994年作

◆ 阿玲藏书

张信让1994年作

谢竞：斑斓童心

儿童生活是谢竞藏书票的重要题材领域——放风筝、喂小鸡、骑毛驴、舞龙，谢竞眼中的童心世界五彩斑斓。她大多选择了难度较大的水印套色木刻，吸收剪纸、年画等民间艺术营养，具有浓郁的民族风格和传统民间工艺特色。

正如藏书票艺术家何鸣芳评价的："谢竞就是一位整合高手！她的作品中最为突出的特色，就是善于将年画、皮影、剪纸三者巧妙地融合在一起，创造出属于自己的美学特征。"

谢竞为我们营造的童心世界稚拙纯真，清新活泼，多彩多姿。

◆ 白鹭藏书

◆ 谢竞藏书

谢竞2001年作

谢竞1996年作

◆ 历下书屋（一）

谢竞1994年作

◆ 历下书屋（二）

谢竞1996年作

◆ 藏书

◆ 珍藏

谢竞1991年作

谢竞1994年作

◆ 上学去

谢竞1988年作

◆ 刘海戏金蟾

谢竞1990年作

◆ 喜迎2000年

◆ 己酉大吉

谢竞1999年作

谢竞2004年作

赵志方：驴背上的杂耍娃

图中的这张藏书票是赵志方创作的一张贺年藏书票，刻画一梳冲天辫儿的娃娃在行走的驴上单手倒立，口咬缰绳。虽是惊险杂技动作，但作者处理得从容不迫，温馨可爱。驴身上点缀的富有民俗意味的花纹，更增添了有惊无险、平安如意、新年大吉的寓意。

◆ 壬午大吉

赵志方作

白逸如：门外的世界

打开一条缝的门，姐弟俩探头探脑，打量门外的世界。门口有两只喜鹊，寓意开门见喜。门的两边贴一副对联——“啄木成舟少，洗砚聚墨多”，一串葫芦攀延到门上，黄的葫芦，绿的藤叶，在黑色的门和红色对联的映衬下，分外显眼。《金台书屋》藏书票表现了版画艺术家杰出的构图能力和高超的艺术表现力。

◆ 金台书屋

白逸如作

朱荫能：松江之风

《郁田藏书》藏书票刻画了一个头戴红花的小女孩儿，与山羊相伴，双手还抱一小羊羔。

这张藏书票运用现代丝网感光技术，采用历史悠久的蓝印花布孔版和丝印孔版绘印、刻印结合的版画技法，吸收了民间年画、剪纸、刺绣等民间艺术形式创作，富有浓郁的松江民间绘画艺术特色。

◆ 郁田藏书

朱荫能2003年作

《牛耕地》刻画了一儿童一手扶犁，一手持树枝驱牛耕地。藏书票融汇了金山农民画和民间年画的艺术，充满浓郁的民间艺术色彩。

《牛耕地》藏书票以江南农村生活为背景创作。松江是中国农民画之乡，长期担任松江文化馆馆长的朱荫能是松江农民画的导师和组织者之一。1989年1月，松江被文化部命名为“中国现代民间绘画画乡”；2008年11月，松江被文化和旅游部命名为“中国民间文化艺术之乡（丝网版画）”，朱荫能功不可没。早在1985年，朱荫能根据松江当地特有的地域文化特色开始了农民丝网版画艺术探索，他的版画藏书票作品集中体现了松江丝网版画风格，其艺术特色一以贯之。

◆ 牛耕地

朱荫能2003年作

甘畅：民俗意蕴

甘畅于1996年创作的《甘畅藏书（一）》藏书票，将泥塑、剪纸和虎头帽等民间工艺品融为一体，富有浓郁的民俗色彩。

甘畅于2008年创作的这张《甘畅藏书（二）》藏书票，选取民间剪纸中的吉祥娃娃素材进行艺术提炼，升华为一张木版藏书票作品，剪纸的质朴与水印的韵味交融，有一种别样的美感。

◆ 甘畅藏书（一）

甘畅1996年作

◆ 甘畅藏书（二）

甘畅2008年作

张文荣：孩童的大千世界

张文荣的儿童藏书票题材丰富，如果从形式上分类，大致可分为两类，一类是单纯的儿童人物头像，一类是儿童的动感生活。

简洁、纯净、明朗、稚拙，张文荣童年题材藏书票已形成鲜明特点，他创作的这些童年题材藏书票令人过目难忘，一下子就想到著名版画家、老一辈藏书票艺术家李平凡的藏书票。

事实上，李平凡正是张文荣的艺术导师和偶像，而张文荣也是李平凡的爱徒。李平凡到天津塘沽的时候，张文荣将自己的藏书票拿给李平凡，请他提提意见，两人相谈甚欢，此后，一直保持着书信来往。李平凡寄给张文荣的书信最多，赠给张文荣的藏书票原作多达百余帧。

谈到这些，张文荣骄傲地说："我拥有李平凡赠送的藏书票，这些藏书票是我数千张藏书票收藏中最得意的藏品。李平凡是我的偶像，这不仅因为李平凡在版画上有天赋，凭借版画为中日友好艺术交流作出杰出贡献，更重要的是他将自己的作品捐献给了国家。他不厌其烦地为我指点作品，让我获益良多，他赠送给我的藏书票我非常珍惜。"

◆ 儿童（一）

张文荣2014年作

◆ 儿童（二）

张文荣2014年作

◆ 儿童（三）

张文荣2015年作

◆ 儿童（四）

张文荣2016年作

◆ 儿童（五）

张文荣2018年作

《看电视》这张藏书票，张文荣数易其稿。看电视嘛，自然应该有电视屏幕，偶然之机，他看到丰子恺的画，受到启发，尽量简括，当省则省，便省略了电视屏幕，集中笔(刀）力，将看电视儿童的表情刻画得栩栩如生，突出了主题。正如他所说的：“我平时喜欢观察孩子们的一举一动，将其融在我的作品中，表现儿童的活泼可爱。”

◆ 看电视

张文荣2017年作

◆ 开摘了

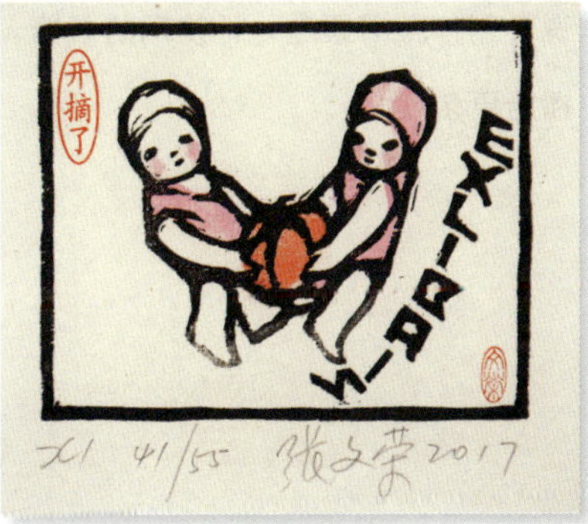

张文荣2017年作

《爷爷的眼镜》藏书票是张文荣于2017年创作的，灵感来自小孙子总是抢他的老花镜，学他戴眼镜。于是，张文荣想将这一可爱的举动刻成一张藏书票。说刻就刻，不几天他就刻出了这张可爱的小作品，题名《爷爷的眼镜》。

这幅藏书票一经印出，张文荣就兴奋地分寄给朋友们，笔者有幸第一时间欣赏到这张藏书票。对于张文荣来说，创作藏书票是一件快乐的事情，他乐意将他的快乐传播给更多人。

◆ 爷爷的眼镜

张文荣2017年作

◆ 敬爷爷

张文荣2019年作

精益求精，才能出精品，这也是人们喜欢张文荣藏书票的根本原因。作家简平写道："我很喜欢张文荣先生为我制作的那张童趣盎然的藏书票《穿鞋子》。寥寥几笔，却描绘出一个富有想象力的儿童故事，一个稚童拿着妈妈的一只鞋子，将自己的小脚丫伸进去，他粉嘟嘟的脸蛋忽然红了，不知道是因为自己的脚太小，还是因为偷穿了妈妈的鞋子。"

在创作儿童藏书票时，张文荣善于捕捉这些幽默而可爱的情节，除了《穿鞋子》《打电话》藏书票，还有《学写字》《背书包》藏书票等，通过儿童稚拙而谐趣的动作描绘，使画面更富有趣味。

◆ 穿鞋子

张文荣2015年作

◆ 打电话

张文荣2015年作

◆ 学写字

张文荣2015年作

◆ 背书包

张文荣2016年作

◆ 举鱼灯

张文荣2017年作

◆ 吹头发

张文荣2017年作

张文荣眼中的童年是欢快和幸福的，他如此喜欢童年题材，乐此不疲地表现童年的快乐，或许与他苦难的童年经历有关。

张文荣自幼喜欢书法、绘画，但他在12岁时便为生活所迫，到了被日寇铁蹄践踏的天津永利碱厂当童工。中华人民共和国成立后，张文荣的美术特长受到了天津碱厂的重视和培养，他创作出的第一幅重要作品就是表现童年生活的版画《嬉》，该作刻画下班女工来到托儿所与爱子逗乐，一经发表就好评如潮，被中国美术馆、天津艺术博物馆收藏。早在1991年，就有一篇描写他童年生活的报告文学《从童工到业余画家》被报纸整版报道。

◆ 推车车

张文荣2015年作

◆ 看自己

张文荣2015年作

欣赏张文荣的儿童藏书票，我们总是第一时间想到版画艺术大师李平凡的儿童版画和儿童藏书票作品。谈到李平凡对他藏书票创作的影响，在写给笔者的书信中，张文荣写道："我退休后创作的一些儿童系列藏书票，多学习李平凡老师的风格，画眼睛不画眉毛，更显可爱。"

李平凡曾旅居日本，深受日本版画和藏书票的影响，如果说李平凡的藏书票吸收了日本藏书票艺术的特点，那么张文荣则吸收了李平凡藏书票的艺术特点。所以，张文荣的儿童题材藏书票也明显具有日本藏书票艺术特色。

李平凡知道张文荣不仅创作藏书票，还收藏藏书票，生前特意将张文荣介绍给日本版画家片野，片野与夫人特意给张文荣寄赠了三张精美的藏书票。

◆ 送礼物

张文荣2014年作

◆ 姐妹情

张文荣2018年作

张文荣的藏书票不是对李平凡藏书票的简单模仿，更不是日本藏书票的复制，他的儿童藏书票亦有鲜明的个人特色，富有浓郁的生活气息。谈到创作体会，他对笔者说："创作时尽力收集生活味浓、情节具体的画面，要简练，如《上学去》这个作品，我三易其稿才定下来。"

浓郁的生活气息、扑面而来的儿童生活情趣是张文荣儿童藏书票的一个鲜明特色。

◆ 上学去

张文荣2017年作

张文荣创作儿童题材的系列藏书票时，有独特的艺术追求，因此形成了他鲜明而强烈的艺术个性。张文荣对笔者介绍，他始终在追求一种个人风格，他的藏书票用色简洁，儿童衣服多用曙红，底部或周边用点普蓝，显得色彩冷暖对比强烈，又有厚重感。用刀刻版时，张文荣多采用内圆外方三角刀，显得有力，周边留点刀痕，富有金石感。

◆ 香港回归祖国纪念

张文荣1997年作

◆ 澳门回归祖国纪念

张文荣1999年作

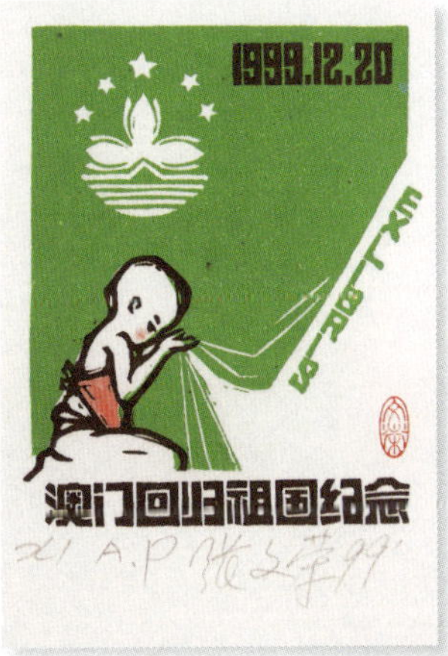

邵卫：现代与传统对话

邵卫的儿童藏书票《司洋藏书》和《楠楠的书》，将现代科技引入藏书票艺术，用电脑技法制作骑驴藏书票等，将剪纸等传统民间艺术特色融入藏书票创作中，既有浓郁的民俗色彩和民族传统风格，又有现代意识。

◆ 司洋藏书

邵卫1995年作

◆ 楠楠的书

邵卫1995年作

田丹丹：拟人化的小动物们

田丹丹眼中的儿童世界是由拟人化的动物构成的，她将儿童的特征和儿童的想象力通过动物展现，她创作的系列藏书票都具有将动物拟人化的特点，这构成了她眼中独特的儿童世界。

《海儿藏书》中的猫儿以书为床，恬然入梦，沉迷的模样如同梦游书海。读书是苦是乐？不着一字，尽得其味。

布老虎是儿童的玩具，富有儿童喜爱的造型和色彩，加上稚拙的文字“多多藏书”，《多多藏书》藏书票吸收了中国民间艺术养分，造型又富有儿童画特色，是一张雅俗共赏的作品。

◆ 海儿藏书

田丹丹1998年作

◆ 多多藏书

田丹丹1999年作

作者将小白兔拟人化，儿童的身体和面容，头上加两只耳朵，就变成了兔子。兔子采花，如同把春天一网打尽，虽不胜重负，却也乐在其中。《小白兔献花》藏书票的画面中有一定的幽默感，使人联想到猴子搬玉米的意趣。

田丹丹善用深沉的冷色，表现儿童世界意味深长的情景。

◆ 小白兔献花

田丹丹1999年作

颜复兴：手拿风车的小姑娘

颜复兴创作的《复兴之书》藏书票吸收了民间年画特点，线条稚拙而灵动，色彩斑斓而沉着。

转动的风车和飘逸的头发带着清新的风，牵引着我们的视线移动。颜复兴的儿童藏书票风格拙朴，用色沉着，技法圆熟。

◆ 复兴之书

颜复兴1996年作

赵奎礼：敲锣打鼓童欢来

赵奎礼善于用暖色营造喜庆气氛，1997年，他创作的一套“儿童锣鼓乐器”系列藏书票表现欢腾活泼的气氛。喜庆的锣鼓敲起来，在极尽喜庆热闹的同时，运刀设色又显得从容沉稳。

◆ 打鼓

赵奎礼1997年作

◆ 敲锣

赵奎礼1997年作

“舞狮”系列藏书票图中的儿童活泼可爱，彩色狮子动感十足。赵奎礼乐于撷取民间美术题材，汲取创作灵感，他创作的“舞狮”系列藏书票作品色彩绚丽，寓意吉祥，充满民俗气息和喜庆色彩。

◆ 舞狮（一）

赵奎礼2000年作

◆ 舞狮（二）

赵奎礼2000年作

1999年，赵奎礼采用纸版彩镂技法，创作了“鱼跃童欢”系列藏书票，全套24张，洋洋大观，各不相同，既体现鱼、童之间整体一致，又相互呼应一脉相承，将渔童与鱼的各种形态表现得活灵活现。篇幅有限，本书仅展示其中的四张。

◆ 鱼跃童欢（一）

赵奎礼1999年作

◆ 鱼跃童欢（二）

赵奎礼1999年作

“鱼跃童欢”系列藏书票一气呵成，情感饱满，用色协调，鲜艳夺目，纸版彩镂技法的运用已达到炉火纯青的境界。

这套藏书票图案后来被上海火柴厂制作成火花，受到火花收藏爱好者的喜爱。

◆ 鱼跃童欢（三）

赵奎礼1999年作

◆ 鱼跃童欢（四）

赵奎礼1999年作

枪挑酒葫芦，分明是《水浒传》人物林冲的造型，然而，在赵奎礼的作品中，这一经典形象仍以儿童面貌表现。儿童形象在赵奎礼的藏书票作品中，已经不仅是一个人物，而是一个艺术符号，这是他创造的一个富有鲜明个人艺术风格的典型形象，只要一看到这一形象，读者就会明确无误地辨识出：这就是赵奎礼的作品。

这一组舞刀弄枪的藏书票，虽然画面上都是儿童，却很容易令人联想到《水浒传》中的英雄豪杰。这些儿童形象都有一个特点，吸收了民间玩具布老虎的艺术养分，人物头上戴有一个小小的虎帽，这一造型使这套藏书票顿时具有了浓郁的乡土气息和民族气派。

◆ 周伯钦珍藏

赵奎礼2011年作

◆ 于灏洋珍藏

赵奎礼2007年作

◆ 常宏才珍藏

赵奎礼2008年作

◆ 陆永寿珍藏

赵奎礼2008年作

◆时赟皓珍藏

赵奎礼2007年作

赵奎礼于2002年创作的“欢天喜地”系列藏书票，表现了阖家幸福其乐融融的美好生活。

赵奎礼的藏书票有两大特点：一是题材专一，几乎全部是儿童题材；二是全部采取纸版彩镂技法。赵奎礼对当代藏书票的最大贡献正是技法的贡献，他是纸版彩镂技法的创新者和不倦探索者，其彩镂纸版藏书票作品充满了浓郁的东方色彩和民族风情，造型有趣味，风格独特。

仔细鉴赏赵奎礼创作的“欢天喜地”等系列的藏书票可以发现，这些彩镂纸版画呈现中国风格、中国气派的同时，又不拘泥于中国民间年画等传统美术的创作手法，还大胆融入了西洋画的成分。传统年画是由线条造型，用线条表现画面，赵奎礼的彩镂纸版藏书票没有线条，而是用色块造型，全部采用色块表现人物、动物等画面，通过色块的明暗、深浅变化表现画面的艺术张力。

采用色块造型是西洋画的特点，赵奎礼正是借鉴了西洋画的表现手法，使得没有线条的画面也呈现出美不胜收的感觉。所以，赵奎礼的彩镂纸版藏书票是东方的，也是西方的；是传统的，也是现代的。

◆ 欢天喜地（一）

赵奎礼2002年作

◆ 欢天喜地（二）

赵奎礼2002年作

彩镂纸版藏书票看似简单，其实这一技法并不比其他版种容易。且说彩镂纸版画的工具，需要有誊写铁笔、水粉画颜料、复写纸、打字蜡纸、制版纸、油印机、玻璃、铅笔、水粉笔、橡皮、毛笔、汽油、橡胶滚筒、誊写油墨、海绵、刻刀等。

彩镂纸版藏书票的制作流程更为繁杂。通常，彩色木刻藏书票只需要刻三到五块版，呈现三到五种颜色，彩色木版年画通常也只刻五块版，印五种颜色。而赵奎礼的彩镂纸版藏书票要刻15个到20个纸版，大画面多达30多个版，每个版套一种色，20个版要套20种色，每次套色印刷都不能有丝毫错位，一旦错位就前功尽弃，可见制作彩镂纸版藏书票的难度。

此外，木版、铜版、石版等版种，一块版可以印刷数百张的藏书票，而彩镂纸版采用水质颜料，一块版一般印10多张就废了，最多只能印20张。为此，赵奎礼反复摸索，反复试验，最终找到采用油脂颜料印刷的方法，可以多印一些，但需要十分小心谨慎，一张纸版才可能印刷100张到200张。

◆ 欢天喜地（三）

赵奎礼2002年作

◆ 欢天喜地（四）

赵奎礼2002年作

创作彩镂纸版藏书票对工具和材料有一定的依赖性，因此采用这一技法创作藏书票时，有自身的局限性，这些工具和材料不能相互模拟或取代，也不能硬是将其用于无法胜任的画面。所以，在创作彩镂纸版藏书票时，各类工具材料必须充分发挥自身优势，扬长避短。正因为彩镂纸版画自身的局限性明显，采用这一技法创作的藏书票表现出很强的艺术生命力。

正如一位行家所言，艺术领域内的版画品种是没有高低、贵贱、优劣、好坏、先进落后之分的。各个版种有其自身的艺术表现形式和手段及艺术风格，也就有了它们共同存在的艺术价值。赵奎礼独树一帜的彩镂纸版画令人耳目一新，颇具鲜明的艺术个性，是其他版种（凹、凸、平版及孔版中丝网版、打字蜡版）无法替代的。

赵奎礼的彩镂纸版藏书票善于用暖色营造气氛，刀法刚中寓柔，不求形似，但求整体的写意。这组“欢天喜地”系列娃娃藏书票形式新颖，造型概括简练，形象鲜明，夸张适度，生动耐看，大多一气呵成，情感饱满，用色协调，鲜艳夺目。他创作的这些彩镂纸版藏书票技法纯熟，作品有独特的艺术特点及特殊的艺术趣味和艺术效果，展现出了一个个绚丽多姿的中国童话世界。

◆ 欢天喜地（五）

赵奎礼2002年作

◆ 欢天喜地（六）

赵奎礼2002年作

赵奎礼擅长将一个题材深度挖掘，采用各种构图、不同的画面表现同一主题，形成一个全面完整的“连环画”系列。“欢天喜地”系列藏书票从不同角度表现了家庭和睦，共享天伦之乐的情景。

“欢天喜地”系列藏书票弘扬了尊老爱幼的中华传统美德，充满了温馨和谐和积极乐观的感染力。

◆ 欢天喜地（七）

赵奎礼2002年作

◆ 欢天喜地（八）

赵奎礼2002年作

笔者所编著的《中国当代藏书票25家》遴选了中国当代最具代表性的藏书票艺术家25位入书，赵奎礼作为其中一位被收入书中专题介绍。

该书出版后，赵奎礼为感谢笔者，专门创作了两张藏书票。《沈泓珍藏》藏书票印量50张，表现了正月十五闹元宵耍花灯的情景；《舒惠芳珍藏》印量66张，表现了夏日荷塘情景。

◆ 沈泓珍藏

赵奎礼2019年作

◆ 舒惠芳珍藏

赵奎礼2019年作

赵奎礼钟情并专一于儿童题材藏书票创作，这或许与他生长在天津有关。天津是杨柳青年画的故乡，赵奎礼自小就受到杨柳青年画的艺术熏陶。杨柳青年画中的年年有余娃娃图、百子图等，给予了他民间美术的滋养，他扎根于这片民间艺术丰沃的土壤，民间年画、民间剪纸、泥人张作品等成了他创作取之不尽、用之不竭的灵感源泉。

在彩镂纸版藏书票创作中，赵奎礼以五彩斑斓的色彩，将童心、童真、童趣刻画得淋漓尽致，传神地表现出了这些娃娃调皮的天性、嬉戏的天真和可掬的憨态，他创造的这些幸福的童年画面总是让读者欣喜不已。

◆ 抱鱼娃娃（一）

赵奎礼1996年作

◆ 抱鸭娃娃

赵奎礼1998年作

◆ 抱猫娃娃

赵奎礼1998年作

◆ 抱鱼娃娃（二）

赵奎礼1998年作

◆ 永寿藏书（一）

赵奎礼2003年作

◆ 永寿藏书（二）

赵奎礼2003年作

◆ 柳锋珍藏

赵奎礼2006年作

这是赵奎礼创作的“虎子百图”系列藏书票中的四张，该套藏书票共有110张，创作于2002年。

虎子是赵奎礼最钟爱的题材，早在1986年首届全国藏书票展上，赵奎礼创作的一张《虎子》藏书票就受到好评，中国藏书票研究会会长梁栋对其赞赏有加，该藏书票曾在《版画世界》杂志上刊发。

从此，赵奎礼就和虎子纸镂版画藏书票结下了不解之缘，1989年，他创作的纸镂版画《虎市》入选全国第七届美术作品展览。

虎图和娃娃图都是赵奎礼擅长的题材，他萌生了创作一套百张“虎子百图”系列藏书票的想法。

当时，赵奎礼几乎每天都沉溺在广告海报、展板、会标设计中，繁忙的工作使其不能安心创作，尽管忙得连轴转，他忙里偷闲，案头准备工作一直没有停下来。

创作“虎子百图”系列藏书票的关键，是要做到100张虎子图每张都不重复，这有一定难度。为此，赵奎礼处处留心观察，积累素材，反复构思。

“机会是留给有准备的人的。”谈到“虎子百图”系列藏书票的创作，赵奎礼感慨地对笔者说。20世纪90年代中后期，赵奎礼下岗了。对其他人而言，下岗是一件痛苦的事，但对于赵奎礼，则是一件开心的事。“终于有机会

◆ 虎子百图（一）

赵奎礼2002年作

◆ 虎子百图（二）

赵奎礼2002年作

完成彩镂纸版藏书票的创作，历时10余年，甘苦自知，好在完成了，虽有不足，我乐在其中！”

“虎子百图”系列藏书票通过虎帽虎娃，让人领略到中国虎文化在民众中的受欢迎程度，感受到作者深厚的传统文化底蕴。“通过中国虎帽这一亮点，体现文化自信，真正讲好中国故事，从我做起。”赵奎礼对笔者说。

厚积薄发，在创作虎娃藏书票时，赵奎礼挥洒自如，游刃有余。

“虎子百图”系列藏书票构图一致，每张画面都是一个微笑的娃娃脸，字母和文字相同且均在同样位置，不同的是虎头帽装饰。这些装饰图纹丰富多彩，如果不是对民间美术十分熟悉，是难以变化出如此众多而美丽的图纹的。赵奎礼是天津人，天津杨柳青年画、剪纸和虎头帽、虎头鞋等民间艺术给予了他丰富的艺术滋养，而他对此也有深入研究，故能在此基础上，予以提炼并升华，进而拓展了藏书票题材领域的新天地。

◆ 虎子百图（三）

赵奎礼2002年作

◆ 虎子百图（四）

赵奎礼2002年作

潘文斌：牛背读书乐

潘文斌的《牛牛的书》藏书票风格朴实，寓意隽永。画面中牛吃草的沉醉和牧童读书的痴迷相互映衬，奔跳的小狗为静谧的画面带来了活泼的生机。

这张藏书票采用潘文斌惯常使用的木版油印套色技法制作，技法娴熟。票主是牛牛，画家选取牛为主图，恰与票主名字相吻合，可谓构思巧妙。潘文斌常说："画自己难忘的。"意思是画自己心中的难忘之景，才能给观众留下难忘的记忆。《牛牛的书》画面上栩栩如生的人物和动物，浓郁的生活气息，给我们带来了经久难忘的印象。

◆ 牛牛的书

潘文斌1998年作

侯秀婷：莲花般的童真

侯秀婷眼中的世界是莲花的世界，莲花出淤泥而不染，是纯洁美丽的象征，因此，侯秀婷的莲花都是长在心上——不是成年人的心灵，而是童真的心灵。也只有纯洁的、没有受过污染的心灵，才能生出如此美丽之花。

侯秀婷的世界也是童真的世界——洁净、清新而充满美好的幻想。

这组以儿童为题材的藏书票是从其全套10张“爱莲颂”系列藏书票中选取的，曾获深圳市第四届“鹏城金秋”艺术节美展金奖。

◆ 晁玉书屋

侯秀婷1999年作

◆ 田丹丹书屋

侯秀婷1999年作

◆ 陈基渝书屋

侯秀婷1999年作

◆ 陆霭书屋

侯秀婷1999年作

◆ 扬（杨）天晴书屋

◆ 黄菊芬书屋

侯秀婷1999年作

侯秀婷1999年作

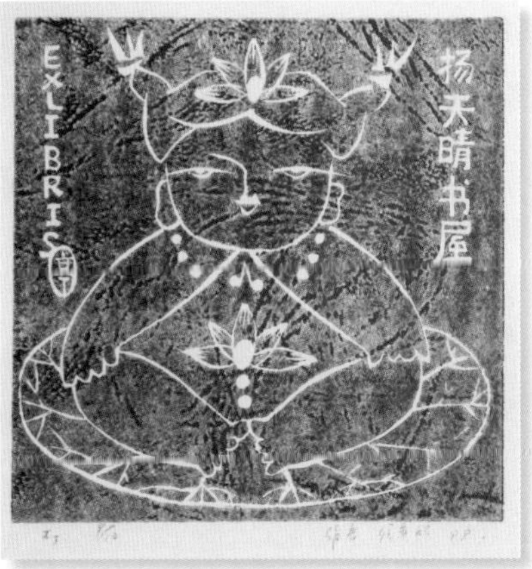

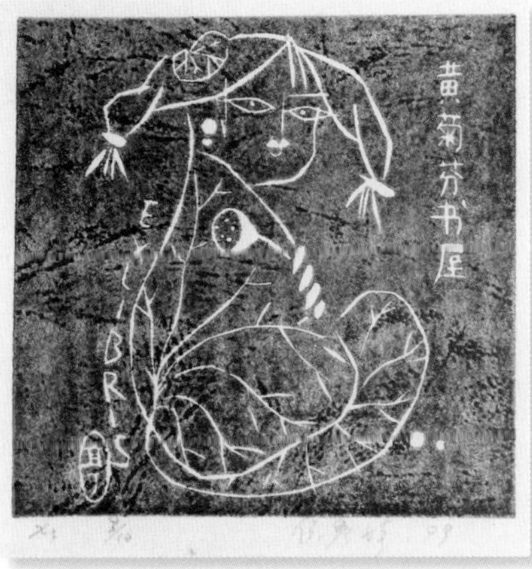

《廖有楷书屋》藏书票是侯秀婷专为她的老师廖有楷创作的。侯秀婷说她做藏书票最幸运的是得到了一批大师的指点和帮助，包括李桦、李平凡、沈延祥、梁栋、廖有楷等，她感激地说：“我觉得这么多好老师支持我，我一定要搞好藏书票。”

从侯秀婷的这句话中，笔者理解了为什么她作为一名普通的小学老师，不遗余力，四处奔波，居然撑起了深圳藏书票协会，撑起了中国藏书票中小学联合会……

◆ 廖有楷书屋

侯秀婷1998年作

《周姚昊囡藏书》《亭亭藏》藏书票的票主周姚昊、亭亭都是侯秀婷的学生。藏书票艺术家大都是为师友和名人创作藏书票，侯秀婷的藏书票却大多是为她的学生创作的，从中可以看出她对学生的爱。一个学生考取大学后，来看望老师侯秀婷，得知她还在做藏书票，学生说，和他一起考取那所名牌大学的学生有三个是深圳中学的，只有他是育才学校的，“正是您当时教我制作的藏书票，让我在深圳中学的学生面前威风了一把。在大学，深圳中学考来的学生问我，听说你们育才学校的藏书票教学做得好，我们都很羡慕呢！”

◆ 周姚昊囡藏书

侯秀婷1999年作

◆ 亭亭藏

侯秀婷1997年作

侯秀婷的两张猴子主题的藏书票《侯玉婷珍藏》《王子武珍》采取拟人化的手法，以猴子比拟顽皮的孩子，充满谐趣。

在刻版技法上，采取阴刻手法，构图简洁准确，画面活泼，富有动感。孩子是好动的，猴子的习性也是好动，侯秀婷将好动特点表现得惟妙惟肖。

票主王子武是深圳著名画家。画面中的猴子手托一个大大的蟠桃跑步向前，寓意向老一辈画家祝寿，表达了对王子武的祝福和敬意。

◆ 侯玉婷珍藏

侯秀婷1999年作

◆ 王子武珍

侯秀婷2000年作

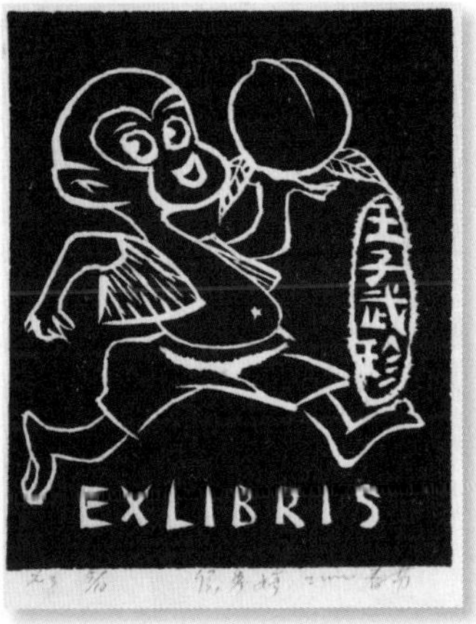

段光忠：读书仔

段光忠创作的《读书乐》藏书票，描绘了一个伏在莲花上的儿童读书的情景，人物神态愉悦，色彩和谐，明媚悦目，充满了欢快气氛。

这张藏书票吸收了杨柳青年画《莲年有鱼》《卧莲娃娃》《娃娃抱鱼》的艺术特色，只不过藏书票上只有莲花莲叶和娃娃，没有鱼，鱼被书替代了，成了娃娃抱书。伏在书上沉醉阅读的儿童活脱脱就是年画中走出来的胖娃娃，这类娃娃图随杨柳青年画流传数百年，深受民众喜爱。娃娃读书乐将深厚的传统文化底蕴、浓郁的民俗气息和当代儿童的求知欲融为一体，对儿童读书起到激励作用，成人读书疲倦之时观此书票，亦可赏心悦目，心中一乐。

◆ 读书乐

段光忠1993年作

袁振璜：抓蟹忙

袁振璜创作的《振璜藏书》藏书票，表现了儿童对动物想一探究竟的好奇心，儿童与螃蟹对视的神态逼真， 堪称传神之作。

艺术真实来自生活真实，袁振璜的版画创作和藏书票创作始终恪守源于生活高于生活的信条。长期在浙江温岭市文联工作的袁振璜，一有时间就背起画板到处画速写。依山傍海的石塘古镇成了他的基地，创作《振璜藏书》藏书票的那几年，他几乎每个月都要去石塘几次，与渔民同吃同住。这张藏书票就是当时在海边体验生活观察生活的结晶。

◆ 振璜藏书

袁振璜1999年作

杨以磊：我的大老虎

杨以磊的骑虎套色木刻藏书票《太田藏书》，借鉴民间玩具布老虎的艺术风格，有浓厚的民俗风味。

杨以磊是有艺术追求的版画家，他说："因为我爱生活中点点滴滴的美好，所以我要赋予藏书票乐观、童趣意境的灵魂。因为我追求创作直面随意性和轻松感，所以我以造型简练概括、线条质朴稚拙、装饰趣味浓郁为表达语言。"这张《太田藏书》藏书票集中体现了其藏书票独特的艺术特点。

◆ 太田藏书

杨以磊作

张一才：渔童小钓

骑牛、骑狗、骑驴，骑在动物上的都是牧童，表现技法各异。张一才创作的《育才藏书》藏书票中的牛也是民间布艺特征的牛，风格拙朴清秀。

坐在大鱼上的渔童钓到一条小鱼，《庆余藏书》藏书票色调和构图都洋溢着喜庆气氛，还带有几分诙谐色彩。作者刻画一个孩童坐在一条大大的红鱼头部，手持渔竿钓起一条小红鱼。

在民俗寓意中，鱼谐音表意为“余”，即富裕，钓鱼寓意年年有余；坐红鱼头部寓意红运当头，“庆余”正合画面的寓意，可见作者在创作这张藏书票时用了一番巧思，也表现了作者深厚的传统文化积淀。

◆ 育才藏书

张一才1998年作

◆ 庆余藏书

张一才1998年作

魏慧莲：剪纸风韵

童真的年代是有动物相伴的年代，动物既是孩子们的伙伴，又是他们的玩具。飞鸟、小羊、鸡、鱼、猪，魏慧莲以丝网版技法制作的儿童与动物系列书票清新自然。在艺术上，这套藏书票借鉴了民间剪纸的风格。

◆ 慧莲藏书（一）

魏慧莲1998年作

◆ 慧莲藏书（二）

魏慧莲1998年作

志有：我为书狂

“爱书”可以有多种画面，或埋头苦读，或手不释卷，或通过正面表情突出其陶醉神态。志有的《萌萌爱书》藏书票跳出通常的窠臼，没有采用正面造型，而是刻画书架前一个儿童探身寻书的背影，表现了以书为伴的儿童对浩瀚的知识海洋的渴望。

作者采取木版画单色阴刻手法,在极小的画幅上,寥寥数笔勾勒出儿童动感的背影身姿,将儿童对书的痴迷和神往刻画得十分传神，“我为书狂”的主题呼之欲出。

◆ 萌萌爱书

志有作

邹中生：智慧之羽

邹中生创作的木版藏书票《苗苗之书》，将一个女孩儿的头置于一叠书上，含有用知识才能支撑智慧的头颅之意，一支铅笔支撑着脑袋，两条辫子化为两根羽毛，表示唯有知识的翅膀才能带领理想展翅翱翔。黑色的头发被巧妙地变化成“藏书票”一词的拉丁文“Ex Libris ”，寓意思想和文采。

◆ 苗苗之书

邬中生1999年作

陈学伦：水彩的温柔

陈学伦以水印套色木刻技法创作的这张《红围巾女孩》藏书票构图简洁，但韵味十足。作者运用红黑对比强烈的色块，营造出女孩温和、沉静、纯真的性格。

陈学伦是版画家，也是水彩画家，这张藏书票表现出他对色彩的敏感。他将水彩画的色彩经验应用到版画藏书票上，使木版藏书票有了水彩画的效果，且一点也不违和。画面简之又简，浓重的黑色和艳丽的红色，给人强烈的视觉冲击，却又有一种沉静的温柔和熨帖，令人过目难忘。

◆ 红围巾女孩

陈学伦1988年作

冯燕：戴花的小囡

冯燕创作的两张“头上戴花的女孩”系列藏书票，女孩呈站立姿态，身着长裙，头戴小花，以淡淡的柔色表现出女孩的沉静、温柔、天真烂漫。

◆ 头上戴花的女孩（一）

冯燕作

◆ 头上戴花的女孩（二）

冯燕作

孙玉洁：抱大鱼

孙玉洁创作的《白坚之书》木版染色藏书票，刻画了坐在莲叶之上的抱鱼娃娃，借鉴了杨柳青年画《莲年有鱼》的构图和艺术风格，又融入作者自己的思考，升华了民间美术的艺术性。

◆ 白坚之书

孙玉洁1986年作

何戚明：奇特的想象

何戚明于1999年创作的这张人面兽身儿童藏书票想象奇特，富有现代感。

何戚明是一位富有创新意识的画家，他的水墨画融传统和现代于一体，具有强烈的个人风格，其藏书票亦秉承了他一贯的创新画风。画面上的驴高高翘起粗壮的尾巴，长长的颈项支撑着圆圆的头部；驴的身躯布满河流山川，生长着植物水草；它有人类的眼睛、耳朵，微翘的嘴巴透出发自心灵的笑意，有一张孩童般单纯的脸庞。一个带翅膀的天使般的小人儿悬在空中，为驴梳理抚弄头发，小天使头上有两根长长的触角，触角顶端弯曲，带有椭圆小球，看起来像蜻蜓，又像蝶角蛉和小蜜蜂。总之，它们相亲相爱的感情通过对视的眼神表现得栩栩如生，惹人喜爱。

◆ 戚明藏书

何戚明1999年作

席湖：爱，而不胜其重

席湖创作的《洋洋爱书》藏书票采用彩镂纸版技术，画中书大人小，抱书女童不胜其重。人物有忧愁，有茫然，而忧愁和茫然都是真实而可爱的。

爱，而不胜其重。

画面表现了一个现代儿童的困惑。

◆ 洋洋爱书

席湖2000年作

黄永勇：放鞭炮

黄永勇以黑白木刻形式创作的《喜迎新世纪》藏书票，刀法遒劲有力，表现出作者扎实的基本功。作者巧妙地将人物置于一张打开的书籍封二上，刻画了一个手持竹竿的儿童形象，竹竿上吊着长长的鞭炮，正在燃放，将“喜迎新世纪”的喜气渲染得恰到好处，而飞舞的双燕似乎在呢喃——春天来了！

◆ 喜迎新世纪

黄永勇1999年作

瞿安钧：伞上的童趣

瞿安钧创作的《李风雨藏》藏书票，票主是李风雨，作者巧妙地将画面与票主的名字联系起来，风雨和伞有关，所以以伞构图，既有巧思，又表现了儿童世界的丰富多彩。

◆ 李风雨藏

瞿安钧1996年作

张继晓：龙腾新世纪

张继晓在2000年创作的《继晓藏书》藏书票，以巨龙与儿童构图，在蜷曲的龙身上站着一个女童，随着腾龙奔向新世纪。藏书票富有时代感，又表现了古老的中国在崛起腾飞的积极主题。

◆ 继晓藏书

张继晓2000年作

余多瑞：河边果树下

两个童年伙伴，在河边果树下采摘水果。《余莉藏书》藏书票中余多瑞采取逆光表现，通过河水的光波，衬托两位儿童专注采摘的动感剪影。河水光波层层延展，那是时光的流水，是对纯真无邪的童年时光的回忆与留恋。

◆ 余莉藏书

余多瑞1995年作

赵方军：书柜风景

赵方军的两张儿童藏书票均采用现代科技手段——电脑版。《方军爱书》藏书票刻画了儿童面对高大书柜的一系列动作、神态，传神地表现了好动的儿童欢乐而得意的童年生活。

◆ 方军爱书

赵方军2000年作

◆ 方军读书

赵方军2000年作

丁晖明：大巧若拙

丁晖明于1994年创作了一组四张的儿童藏书票，全部采用圆形的统一规格。规格是标准的，而造型是不标准的，他采用的是变形、夸张的造型，线条也是不规则的，粗犷的，歪歪扭扭的，仿佛刚学绘画的儿童涂鸦。

然而，正是这种不规则的线条，形成了丁晖明鲜明的个人风格，这种稚拙风格，正所谓大巧若拙。

◆ 丁晖明珍藏之书

丁晖明1994年作

◆ 丁明藏书

丁晖明1994年作

◆ 丁映三岁读书

丁晖明1994年作

◆ 晓明藏

丁晖明1994年作

◆ 小河爱书

丁晖明2001年作

周富德：平实的生活

周富德的三张以儿童为题材的藏书票不是单纯地刻画儿童形象，而是将儿童置于特定背景和典型环境中，以现实主义手法表现儿童生活，在平实的生活化中展现动人的艺术效果。

《秋千读书图》藏书票刻画一个儿童坐在树下的秋千上捧读一本书，他读得津津有味，乃至鸟儿也被他所吸引，引颈相望，似乎想一探究竟。这三只鸟分布于儿童的头上、脚下和右边，神态各异，树枝上还有三只小鸟并排蹲在上面，栩栩如生。

《小丫与小鸭》藏书票刻画晒满玉米的门架下，一个小女孩一手展读一张报纸，一手抱着一个玉米，一只鸭子啼叫着跑过来，张口要吃女孩手中的玉米，门上停歇着两只小鸟。画面依然是以小鸟和鸭的动感，衬托儿童读书神态之专注。

◆ 秋千读书图

周富德1993年作

◆ 小丫与小鸭

周富德2000年作

如果说《秋千读书图》和《小丫与小鸭》藏书票画面充满轻松活泼，那么《我一直在哭》藏书票就给人带来几分沉重。画面刻画一只大大的眼睛，滴下三滴眼泪，下面两滴化成了两只鞋。眼睛下面，是一个手拄双拐残疾男子奋力向前的背影。藏书票上写满了文字："我一直在哭，我一直在哭，哭我没有鞋子穿，直到遇见一个人，他竟然连脚都没有！"

这张藏书票通过感人的画面，揭示了人生的哲理——面对人生不幸要有积极的态度，可以说富有教育意义。

◆ 我一直在哭

周富德作

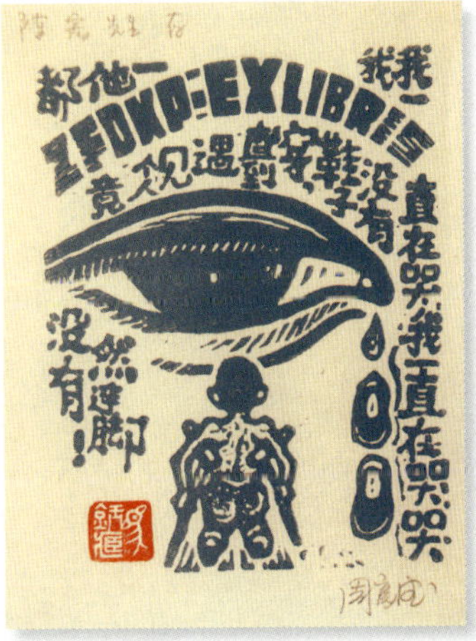

杨敬堂：胖娃娃

杨敬堂的《白胖珍书》《子鹤藏书》藏书票从不同角度表现了孩子的天真率性、顽皮可爱，以及他们无忧无虑的童年生活。

◆ 白胖珍书

杨敬堂1999年作

◆ 子鹤藏书

杨敬堂1998年作

张兆鑫：欢快的腰鼓敲起来

犹如一个特写镜头，定格在动感的一瞬间：一个头戴虎头帽的儿童，身前悬一个大大的腰鼓，双手紧握鼓槌，高高举起，正要打向腰鼓。

《奕汝爱书》藏书票画面热烈喜庆，艳丽的颜色，让人仿佛听到了激昂响亮的鼓声。

◆ 奕汝爱书

张兆鑫1998年作

刘硕海：剪纸与历史

刘硕海的版画藏书票有两个特点，一是有深厚的文化底蕴，二是融入民间美术元素。这张《石渊珍藏》藏书票恰好体现了这两点。主图娃娃抱鱼源自民间剪纸，经过艺术升华和创造；背景是传统历书，两者完美结合，既有民族的文化符号，又有民俗风情。

◆ 石渊珍藏

刘硕海作

安多民：扎羊角辫的女孩

安多民的两张表现女孩儿的藏书票，都借鉴民间剪纸图案构成，富有剪纸简略、概括的艺术风格。

《夜读女孩》藏书票中两根竖线一根横线加上结合部方形榫卯，就勾勒出一张书桌。书桌上是一本打开的书，一个女孩端坐桌前捧书而读，读到会心处，嘴角眉眼都是笑。桌上左边一只点燃的蜡烛，表明这是在夜晚读书，同时也深化了知识就是光明的主题。

《骑马女孩》藏书票刻画一个扎着羊角辫的女孩骑马前行。马儿弯曲的四条腿、翘起又垂下的尾巴、弓颈俯首的姿态，都表现得恰到好处，十分传神。人物的动感和马的动感相互呼应，和谐统一。简之又简的线条仿佛将人物和马儿的情感、心理都已和盘托出。这看似简单的画面，蕴藏着画家深厚的艺术功力。

◆ 夜读女孩

安多民作

◆ 骑马女孩

安多民2002年作

童怡生：我的小背篓

童怡生的《少数民族女孩》通过大大的背篓和女孩的对比，衬托出女孩的小巧玲珑，展现了女孩的可爱。

这张藏书票采取锌凸版技法,画幅极小,将云南少数民族地区的一个生活场景记录下来,看似寻常，但它饱含画家情感，因此具有感人的力量，引人无限遐想。

◆ 少数民族女孩

童怡生1998年作

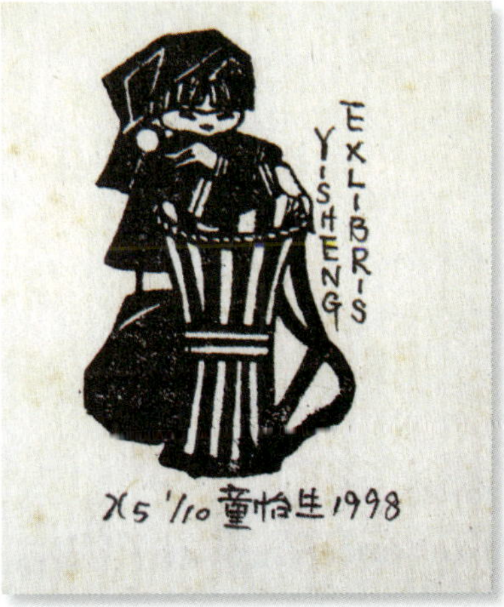

陈红：唢呐天地

《丁丁之书》藏书票以俯视的视角，刻画了一个大男孩以呼风唤雨的气势在吹奏唢呐。他伸出双手，仰天吹奏唢呐。两边飞鸟旋风般飞向唢呐所指的方向。作者想象力丰富，作品意象奇特。

◆ 丁丁之书

陈红2000年作

李明：抽象意义

李明创作的《淼淼的书》藏书票，以儿童抽象画超现实地表现了童心，童趣天真。

这是一张采取丝网版技法创作的藏书票，画中只有单纯的红与黑两色。红色线条龙飞凤舞。狂草的红色背景上，一个儿童似手舞足蹈，又似蹒跚学步，眉眼五官变形夸张，头上还有一只小鸟儿。天上太阳公公的也是变形的。“淼淼的书”下面不是作者签章，而是一只小狗。一切都像是一个儿童的随手涂鸦，然而看似杂乱无章的构图却有章可循，看似“乱画”一气的线条都是值得细细品味的。很多大师都曾向儿童学习，谁能说毕加索的那些“儿童画”不是有意义的形式呢？

◆ 森淼的书

李明1997年作

张娥：远古的召唤

《晶子之书》藏书票犹如远古岩画，表现了人类童年时期的形象，又有所提炼，高度概括。画面上的线条简洁而拙朴，给人过目难忘的深刻印象。

◆ 晶子之书

张娥1998年作

李军：焰火飞龙

“飞龙在天”，如风筝在飞，如烟花绽放，下面三个孩子兴高采烈地欢呼玩耍。《小克的书》藏书票借鉴剪纸造型效果，采取油印技法，表现出儿童画的趣味。

◆ 小克的书

李军1993年作

王凤兰：凝固的速度

《杰珍书》藏书票以黑白木刻表现小女孩在冰上快乐地滑行、旋转的场景。其构图虽简单，但很有讲究，小女孩大跨度地伸腿，抬臂转头，动感十足。小女孩脚下几圈不规则的圆圈表现了旋转的速度。藏书票的拉丁文字母和“杰珍书”三字环绕女孩，排列错落有致，与图画融为一体。

◆ 杰珍书

王凤兰作

王玉亭：藏书楼上百花艳

《藏书楼上百花艳》藏书票借鉴镂空剪纸图案构成，以木版技法刻画了两人在藏书楼上快乐玩耍的情景。

画中的人物造型是北方剪纸中常见的纹样,边沿装饰花纹呈门状。藏书楼自然是有门的，且是知识大门，门里面是书的世界，书的世界容纳大千世界，包罗万象，异彩纷呈。每一本书都是一朵花，无数藏书百花竞艳。在藏书票楼上读书，读到入迷处，百花齐放，这是精神之花的绽放。“藏书楼上百花艳”也是一句读书人喜欢的上联，无数读书人对出不同的下联。你将对出什么样的下联呢？

◆ 藏书楼上百花艳

王玉亭1998年作

高华：稚拙见真趣

《杨延庚书票》这张藏书票中，一个男孩牵着一只羊，走走停停，图画线条稚拙，如同人类童年时期的岩画，亦有儿童画的趣致。图中右上黑底挖去了一块长条，“杨延庚书票”五个字置于此处，半阴刻半阳刻，富有设计感，别出心裁。

◆ 杨延庚书票

高华作

姜丕中：和平的呼唤

姜丕中的《我们要活下去》这张藏书票中间画了一个襁褓中的婴儿，我们仿佛能听到他内心的呼唤——我们要活下去。而票中英文意为再也不要战争，更是直接表达了作者对和平的渴望。

◆ 我们要活下去

姜丕中作

张俊萍：雪娃是一朵最美的雪花

雪娃是生活在北方冰天雪地的女娃。在《雪娃》藏书票中北方的冬天漫天雪花，雪娃是一朵最美的雪花，她有大大的眼睛、洁白的脸颊、纯真的天性。一朵大大的雪花中，包蕴无数小雪花，帽子上、衣服上、脸上，到处都是雪花或冰花，藏书票拉丁文字母顺帽檐排列，更添俏皮。

张俊萍生活在北方，只有对北方的雪花带有深深感情的女画家，才能有感而发塑造出如此美丽的雪娃。

◆ 雪娃

张俊萍2016年作

沈泓：招财童子

《招财童子》藏书票采用民间年画构图，画中的招财童子是正财神赵公明手下的小财神，与利市仙官一起伺候赵公明左右。画面上招财童子手持条幅，书写“招财童子”四字，周边撒满金元宝，右上是摇钱树，充满财气和喜气。

◆ 招财童子

沈泓2003年作

管殿武：泥塑女娃

《殿武藏书》藏书票采用套色木刻技法，借鉴民间泥塑造型，刻画出一个手捧莲花的女娃娃形象，富有浓郁的民间美术气息。

◆ 殿武藏书

管殿武1998年作

马心义：小白兔的欢笑

兔子是孩子们都喜欢的动物，尤其是小白兔。戴上小白兔帽子，将自己装扮成小白兔，是孩子们最快乐的时光。马心义以拟人化的手法，创作了这张《兔子》藏书票，黑白木刻的兔子快乐、单纯而充满趣致，像儿童一样无忧无虑地欢笑，笑容中的纯真无邪直中人心。

◆ 兔子

马心义1999年作

陈立：元气满满的虎娃

“虎娃”系列是陈立在2021年创作的一套虎年生肖藏书票，全套12张。这套藏书票出奇之处在于立意和构思。虎生肖藏书票通常是刻画老虎，陈立选取虎娃这一民间美术中惹人喜爱的造型，将老虎拟人化，融入中国形象和近年中国高速发展取得伟大成果这一主题中，12张画从12个角度塑造中国形象，一个自强、奋进、文明、美好、朝气蓬勃、欣欣向荣的崛起的中国跃然纸上，令人振奋。

藏书票中的虎娃形象俏皮可爱，头戴传统的虎头帽，嘴唇微启，眉眼含笑，动感活泼，如初升的朝阳，元气满满，表现了新时代中国儿童健康向上、充满希望的精神面貌。儿童背景的选择紧贴主题，以小寓大。技法上作者采用多种木刻技巧，运刀如风，行云流水，一气呵成，表现了娴熟自如的木刻技法。

◆ 虎娃 · 立志强国

陈立2021年作

◆ 虎娃 · 中国速度

陈立2021年作

◆ 虎娃·大书中华

陈立2021年作

◆ 虎娃·正义之剑

陈立2021年作

◆ 虎娃·太空中国

陈立2021年作

◆ 虎娃·中国高度

陈立2021年作

◆ 虎娃·深度神州

陈立2021年作

◆ 虎娃·大美中国

陈立2021年作

◆ 虎娃·环保卫士

陈立2021年作

◆ 虎娃·礼仪中国

陈立2021年作

◆ 虎娃·腾飞中国

陈立2021年作

◆ 虎娃·书山行者

陈立2021年作

冯燕：我们也爱读书

《兔子读书》藏书票中一只坐着的小兔子在认认真真地看书，仿佛一个孩童模仿大人在看书一般。孩子装模作样地拿着一本书看，虽然不识字，虽然书常常拿倒了，我们还是会因感受到了他们的可爱，而发出会心的微笑。

因为读书毕竟是一件好事。

冯燕为我们营造了一个童趣世界，淡雅的蓝色和绿色完美地配合了这份童趣和童真。

兔子作为艺术题材流行于旧时北京地区，传统节令玩具“兔儿爷”或“彩兔”是一种泥塑玩具，上底粉、施彩绘、衣着华丽、双目直视，威武中有滑稽，凝重中不乏风趣，受到儿童的广泛欢迎。

◆ 兔子读书

冯燕作

冯燕的套色水印木刻《小熊读书》藏书票，亦名《燕子藏书》，以拟人化手法表现了正在看书的小熊儿童般的童稚、憨厚和可爱。

冯燕刻画猫像模像样地读书，读而未读，生动而慧黠。

冯燕创作的《小猫读书》藏书票和她的《小熊读书》藏书票一样，都是以拟人化的手法，让这些可爱的动物成为读书的主体，如同读书的儿童，煞有介事，幽默诙谐。这儿童画的笔法，也是儿童喜闻乐见的。

◆ 小熊读书

冯燕作

◆ 小猫读书

冯燕作

乐建成：虎娃贺岁

《建成藏书》藏书票中戴虎头帽的虎娃有福了，过年的鞭炮放得红红火火，童年时光每天都有红红火火的期待，转眼又要过元宵节，满满一碗元宵送到眼前。

乐建成以此给大家贺新年：簇新的装束、缤纷的彩灯、火红的爆竹喻示着欢欣的节日。火树银花不夜天，愿新一年的生活似元宵——甜蜜无比。

《建成藏书》藏书票借鉴民间美术中的布艺、剪纸艺术，采用纸版镂空技法，画面大红大绿、满满当当，以红红的暖色为主色调，充满浓浓的民俗气息。该作品入选1998年7月在深圳举办的第七届全国藏书票大展。

◆ 建成藏书

乐建成1998年作

龙开朗：牛角挂书

《平平读书》藏书票取材于中国古代一个著名的儿童读书故事——牛角挂书。

《平平读书》藏书票刻画的是一个男孩儿在牛背上读书的场景。牛角上挂着一捆书。牛背上潜心读书的男孩儿就是李密吧？

◆ 平平读书

龙开朗1995年作

刘继德：新春大吉

《继德藏书》藏书票上，大眼睛女孩抱着一只大大的鸡，艳阳高照，春光正好。粗拙的线条将女孩和鸡刻画得十分醒目，几点粉红将女孩的脸蛋和嘴唇点染得愈加可爱。鸡颈的菱形色点和女孩袖口的三角色点对应。色不在多，几点就让画面绚丽起来。

大鸡谐音寓意大吉大利。儿童抱大鸡，好个新春大吉的景象！

◆ 继德藏书

刘继德2004年作

李山楼：劳动最光荣

李山楼以木刻刀刻画的儿童形象，或黑白或彩色，或突出爱劳动的美好品德，或借助泥娃娃的艺术造型，表现了儿童纯真、欢乐的神态。

◆ 爱劳动

李山楼作

◆ 山楼书票

李山楼作

◆ 林林藏书

李山楼作

图书在版编目（CIP）数据

闲看儿童捉柳花：晶莹童心 / 沈泓著 . — 天津：
天津教育出版社，2024.6
（书中蝴蝶：中国当代藏书票）
ISBN 978-7-5309-9042-1

Ⅰ . ①闲… Ⅱ . ①沈… Ⅲ . ①藏书票－中国－图集
Ⅳ . ① G262.2-64

中国国家版本馆 CIP 数据核字 (2024) 第 089275 号

书中蝴蝶：中国当代藏书票
闲看儿童捉柳花：晶莹童心
SHUZHONG HUDIE ZHONGGUO DANGDAI CANGSHUPIAO
XIANKAN ERTONG ZHUOLIUHUA JINGYING TONGXIN

出版人 黄 沛 丁 鹏

作　　者 沈 泓
选题策划 王铁冰
特约策划 丁 鹏
项目执行 常 浩
装帧设计 杨 晋
责任编辑 张文萱 张 清

出版发行 天津出版传媒集团 金城出版社有限公司
天津教育出版社
地　　址 天津市和平区西康路 35 号 北京市朝阳区利泽东二路 3 号
邮政编码 300051 100102
经　　销 新华书店
印　　刷 鑫艺佳利（天津）印刷有限公司
版　　次 2024 年 6 月第 1 版
印　　次 2024 年 6 月第 1 次印刷
规　　格 787 毫米 ×1092 毫米 1/32 开
字　　数 180 千字
印　　张 10.5

定　　价 88.00 元